Otto Gritschneder

„Fachlich geeignet, politisch unzuverlässig …“

Memoiren

Otto Gritschneder

Fachlich geeignet, politisch unzuverlässig ...

Memoiren

Verlag C. H. Beck München

Bei der Aufbereitung der Daten und Fakten hat mir mein Sohn, Rechtsanwalt Florian Gritschneder, sehr geholfen, und bei der Redaktion und Ordnung der Texte hat mich meine Mitarbeiterin Christa Coura nachhaltig unterstützt. Ihnen sei auch an dieser Stelle dafür Dank gesagt.

O. G.

CIP-Titelaufnahme der Deutschen Bibliothek

Gritschneder, Otto:
„Fachlich geeignet, politisch unzuverlässig ...“:
Memoiren / Otto Gritschneder. – München: Beck, 1996
ISBN 3-406-40240-2

ISBN 3-406-40240-2

Umschlagentwurf: Bruno Schachtner, Dachau
Satz und Druck:
Offizin Andersen Nexö Leipzig GmbH
Gedruckt auf säurefreiem, aus chlorfrei gebleichtem
Zellstoff hergestellten Papier
Printed in Germany

Vorwort

Von meinem Geburtsjahrgang, 1914, leben in Deutschland heute nur noch halb so viele Männer wie Frauen. Ähnlich ist es mit den etwa zehn Jahrgängen vorher und nachher. Die Jahrbücher des Statistischen Bundesamtes dokumentieren diese höchst bemerkenswerte Feststellung Jahr für Jahr.

Der Grund für dieses beklagenswerte Mißverhältnis ist die lebensvernichtende Tyrannei Hitlers. Vor allem durch seine ebenso sinnlosen wie völkerrechtswidrigen Angriffskriege hat er die Millionen Männer jener Geburtsjahrgänge ums Leben gebracht, deren frühen Tod die Statistik deutlich ausweist.

Wir Überlebenden dieser schrecklich dezimierten Jahrgänge müssen unseren Kindern und Enkeln und den nächsten Generationen kundtun, wie es in unserem Leben zuging, wie es vor allem in den zwölf Jahren des Hitlerregimes zuging. Die Toten können nicht mehr reden. Wer aber dem Tyrannen gerade noch entkam, kann sich noch zu Wort melden. Er kann es nicht nur, er muß es: Wer in der Demokratie schläft, wacht in der Diktatur auf.

München, Sommer 1995 *Otto Gritschneder*

Inhalt

Kindheit

Schule

Student und Referendar im Dritten Reich

Krieg

Die Anwaltsjahre

Fazit

Anhang

Kindheit

Gritschenöd

Dort, wo sich auf unserem Planeten die Linie 48 Grad, 12 Minuten, 16 Sekunden nördlich des Äquators mit der Linie 12 Grad, 11 Minuten, 47 Sekunden östlich der Sternwarte von Greenwich trifft, befindet sich der Einödhof Gritschenöd, etwa zehn Kilometer nördlich von Haag, einem Markt in Oberbayern, der an der Landstraße von München nach Mühldorf am Inn liegt, von beiden Orten etwa gleich weit entfernt.

Dieser Einödhof wird schon in einem um 1400 angelegten Lehensbuch des Bischofs von Regensburg als „Gut Grintschalnod“ erwähnt, das bedeutet „Öde des Grintschal“; „schal“ steht für Knecht. Dieser Grintschal dürfte wohl im Dienst des Bischofs gestanden sein. Was „Grint“ bedeutet, ist noch nicht geklärt.

Die Reichsgrafschaft Haag wurde, als der letzte Reichsgraf, Ladislaus von Fraunberg, 1566 kinderlos starb, von Kaiser Maximilian dem Herzog Albrecht von Bayern als Reichslehen übertragen.

In den Steuerbüchern um 1600 findet sich als Schreibweise des Hofnamens „Grindtschnedt“; auf den Katasterkarten der Uraufnahmen der bayerischen Landesvermessung von 1810 heißt der Hof „Gritschenöd“. In den Urkunden des 19. Jahrhunderts steht dann der Name in der heutigen Schreibweise „Gritschneder“.

Alle Gritschneder, die noch leben, stammen aus dieser Gritschenöd.

Der letzte Gritschneder auf der Gritschenöd starb 1877, der Name des Hofes blieb aber bis heute erhalten.

Viele nachgeborene Gritschneder verließen schon im 18. Jahrhundert den Einödhof. Einer davon, Thomas Gritschneder (1751 bis 1837), erlernte das Sattlerhandwerk und heiratete 1789 in Hohenkammer bei Freising die Sattlertochter Maria Anna Rauch. Mit ihr hatte er

14 Kinder, mehrere seiner Söhne wurden ebenfalls Sattler. Von diesem Thomas stammen meines Wissens alle ab, die heute noch den Namen „Gritschneder" tragen.

Auch in den nächsten Jahrzehnten waren die Gritschneder meist Sattlermeister, sie siedelten in der Gegend nördlich und westlich von München, viele in der Gegend um Neuburg an der Donau, einige zogen in die Residenzstadt München.

In München wurde dann 1881 (am 29. Juli) mein Vater Otto geboren. Seine Eltern waren Sigmund Gritschneder aus Rohrenfels und Creszentia Faßnacht aus Buchloe. Mein Vater brachte es Anfang unseres Jahrhunderts zum Königlich-Bayerischen technischen Eisenbahnsekretär (und später zum technischen Reichsbahninspektor). Beim Bau des Bahnhofs in Garmisch-Partenkirchen 1912 und 1913 lernte er die Tochter Susanna des Bauführers des Königlichen Straßen- und Flußbauamtes Gottlob Weber aus Ingolstadt kennen, die um diese Zeit gerade zum Kochenlernen in der neuen Bahnhofgaststätte der Familie Klarwein in Garmisch weilte.

Alsbald heiratete der Eisenbahnsekretär Susanna Weber aus Ingolstadt. Die Neuvermählten zogen nach München in die Anglerstraße 7, III. Stock Mitte, in ein neuerbautes Mehrfamilienhaus mit 14 Wohnungen hinter der Bavaria im Westen der Haupt- und Residenzstadt München.

Zur Geburt ein goldenes 20-Mark-Stück

In dieser Vorstadtwohnung kam ich am 11. Januar 1914, halb fünf Uhr nachmittag, zur Welt. Das war ein Sonntag. Meine Eltern rechneten offenbar so früh noch nicht mit der Ankunft ihres Erstgeborenen, denn der Vater war, wie des öfteren, auch an diesem Sonntagnachmittag ins Café Neumayer (neben dem Alten Peter mitten in der Stadt, gleich beim Marienplatz) zu seinen Schafkopf-

Abb. 1: Otto Gritschneder im August 1914.

freunden gegangen. Dort erreichte ihn der Telefonanruf einer Wohnungsnachbarin mit der Nachricht, er sei Vater eines Knaben geworden. Daraufhin wurde die Kartenspielrunde natürlich unterbrochen, und mein Vater eilte nach Hause, zusammen mit seinem Schwager, dem kaufmännischen Vertreter Josef Schmidbauer, der mit beim Schafkopfen gewesen war. Die Freude war überaus groß, mein Onkel Josef Schmidbauer übernahm die Patenschaft und stiftete für den neuen Erdenbürger ein goldenes 20-Mark-Stück, eine respektable Summe. Die Maß Bier kostete damals 23 Goldpfennig, und die Monatsmiete für die Zweizimmerwohnung meiner Eltern betrug 40 Goldmark.

Mit dem Schicksal dieses goldenen 20-Mark-Stückes ist mein frühes Mißtrauen gegen den Staat erregt worden: Meine Eltern legten mit ihm ein Sparbuch bei der Städtischen Sparkasse an. Als ich nach der Inflation der zwanziger Jahre zur Sparkasse ging, um mein Geld samt Zinsen abzuholen, belehrte mich der Bankbeamte: „*Ja Bua, weißt du denn nicht, was eine Inflation ist?*“ Ich bekam für meine 20 Goldmark nach dem Krieg noch ganze 93 Reichspfennig.

Der erlistete Thron König Ludwigs III.

Einen zweiten Anlaß meines Mißtrauens gegen die Staatsgewalt hat Ludwig III. von Bayern ausgelöst. Davon erfuhr ich natürlich erst später. Ludwig III. war der älteste Sohn des legendären Prinzregenten Luitpold, der nach 26jähriger Regentschaft 1912 gestorben war. Ludwig war Luitpolds Nachfolger in der Regentschaft, weil König Otto geisteskrank und regierungsunfähig als Dauerpatient im Schloß Fürstenried vor München (noch bis 1916) lebte. Gemäß der Verfassung leistete Ludwig bereits neun Tage nach dem Tode Luitpolds, nämlich am 21. Dezember 1912, den Regenten-Eid, er werde dem

König die Gewalt, deren Ausübung ihm anvertraut sei, *„getreu übergeben"*. Nur ein Jahr später änderten die konservativen Kreise um Ludwig die Verfassung, aber – darin liegt nun der Kern dieses „Putsches von oben" – ohne *vorher*, wie es die Verfassung verlangte, den Landtag zu fragen, dessen Sache es war zu entscheiden, ob die Regentschaft (noch zu Lebzeiten des regierungsunfähigen Königs) beendet und damit der Weg für einen neuen König, hier Ludwig III., frei sei. Bayern war von da an also sozusagen eine Doppelmonarchie: Legitimer König war Otto, illegitimer König war Ludwig III. Zur Feier dieser problematischen Thronbesteigung wurde das Läuten aller Münchner Kirchenglocken angeordnet. Der damals 48jährige SPD-Abgeordnete Adolf Müller, Chefredakteur der Münchner Post, rügte diesen königlichen Verfassungsbruch mit geradezu prophetischen Sätzen: Bei Gelingen einer solchen *„Revolution von oben"* könne es den Sozialdemokraten auch einmal einfallen, *„zu Wohlgefallen der Revolution von unten"* ihrerseits den König abzusetzen.

Im November 1918, nach dem Verlust des so leichtsinnig begonnenen Ersten Weltkriegs, war es dann soweit: Ludwig III., der wohl das Schicksal des in der Französischen Revolution hingerichteten König Ludwigs XVI. vor Augen hatte, verließ als erster deutscher Monarch den Thron und floh in der Nacht zum 9. November 1918 nach Österreich. Kurt Eisner, unabhängiger Sozialdemokrat und leidenschaftlicher Pazifist, übernahm die Ministerpräsidentschaft und rief den Freistaat Bayern aus. Damit war das Königreich Bayern sang- und klanglos untergegangen.

Man kann sich bei dieser Gelegenheit noch fragen, ob es überhaupt legitim begründet worden war. Die bayerischen Könige beriefen sich gern auf ein Gottesgnadentum; es war aber keineswegs die Gnade Gottes, die Max IV. aus einer Wittelsbacher Nebenlinie am 1. Januar 1806 zum König machte, sondern die von dem Eroberer Napoleon geschaffene und geduldete politische neue Situation in Mitteleuropa.

Bei den Großeltern in Ingolstadt

Die Jahre des Ersten Weltkriegs und noch einige danach habe ich als Bub bei den Eltern meiner Mutter in Ingolstadt an der Donau verbracht. Im Sommer 1915, anderthalb Jahre nach mir, war nämlich mein Bruder Max zur Welt gekommen, und da schien es angebracht, mich zu den Großeltern nach Ingolstadt zu geben, wo die Not des Krieges nicht so spürbar war.

Eine Reihe von Bildern und Erlebnissen aus meinen Ingolstädter Jahren sind mir bis heute lebhaft in Erinnerung: Der Großvater Gottlob Weber stammte aus dem württembergischen Unteraichen bei Stuttgart, die Großmutter, geborene Pichler, war in Pusarnitz (Ortschaft Möllbrücken) in der Nähe von Villach in Kärnten geboren. Sie wohnten im 2. Stock des Hauses Nr. 24 in der Theresienstraße, einer breiten Hauptstraße, auf der es allerhand zu sehen gab, zum Beispiel das Gemälde an der Hauswand der Gastwirtschaft gegenüber, auf der die Sieben Schwaben mit der Lanze unter dem Arm ängstlich vor dem Hasen zurückwichen. Das ist meine allerfrüheste Erinnerung. Dann kam immer wieder die Pferdebahn, hin und wieder bimmelnd, bis sie etwa 100 Meter südlich unserer Wohnung die Pferde auswechselte und umkehrte, um wieder zum Bahnhof außerhalb der Stadt zu fahren.

Der Weg durch das Kreuztor zum Friedhof verbindet sich mit der Erinnerung an dort arbeitende französische Kriegsgefangene, die mir mit einem freundlichen „voilà ton chapeau“ den schwarzen Strohhut zurückgaben, den ich ihnen übermütig zugeworfen hatte. Jeden Nachmittag ging die Großmutter mit mir über die Brücke an dem

Abb. 2: Weihnachten 1919: rechts Otto Gritschneder
mit seinen Eltern Otto und Susanna.
Links Max Gritschneder
mit seinem Onkel Max Gritschneder.

breit dahinfließenden Donaustrom spazieren. Als der Großvater, wie wir eines Abends, am 17. Juli 1917, heimkamen, an Herzschlag gestorben im Bett lag, zupfte ich ihn am Bart, weil ich glaubte, er stelle sich spaßeshalber wieder einmal schlafend, damit ich ihn am Bart ziehen solle.

Auch die Gespräche sind mir noch im Ohr, die die Großmutter am Schliffelmarkt in der Ludwigstraße mit anderen Frauen führte; ihre beiden Söhne Karl und Fritz waren zum Kriegsdienst eingezogen. Wie lange, so fragten sich alle, soll denn der Krieg noch dauern, und wie soll das alles enden? Hin und wieder marschierten kleinere Gruppen von Soldaten vorbei. Es war das erste Mal, daß ich Menschen in Uniform sah.

In jenen Tagen erzählte man sich in Ingolstadt die Geschichte von Karl Gruny. Er hatte als Gymnasiast kurz vor dem Krieg ein oder zwei Tage Karzer bekommen, eine damals noch gelegentlich praktizierte Strafe für besonders üble Streiche. Dann meldete er sich 1914, wie fast alle Absolventen, freiwillig zu den Soldaten, die eben aufgebrochen waren, um Paris zu erobern und, „*wenn im Herbst die Blätter fallen*", als Sieger wieder stolz nach Hause zu marschieren. Gruny war offenbar ein abenteuerlicher Draufgänger, jedenfalls hat er irgendeine kriegerische Heldentat vollbracht. Dafür bekam er die höchste bayerische Kriegsauszeichnung, den schon 1797 gestifteten Max-Joseph-Orden, mit dem eine Ehrenpension und der persönliche Adel verbunden waren. Mit dieser eindrucksvoll baumelnden Auszeichnung flanierte nun Karl von Gruny an Sonntagen auf dem Gouvernementsplatz vor dem Rathaus, und jedesmal, wenn er an der Wache vorbeikam, mußte der Posten das Gewehr präsentieren. Dieses Schauspiel genossen die Zuschauer, und erst recht genoß es natürlich der junge Ordensträger – eine kleine Revanche für den seinerzeitigen Karzer.

Rückkehr ins München des Freistaates Bayern

Nach dem Krieg, im Herbst 1918, kam ich zu den Eltern nach München zurück. Von der Flucht König Ludwigs III. am Abend des 8. November 1918 und von der Ausrufung des Freistaats Bayern durch den Kriegsgegner Kurt Eisner habe ich natürlich damals nichts mitbekommen, aber an die Kämpfe der (konservativ-militaristischen) Weißen gegen die (republikanischen) Roten Anfang Mai 1919 habe ich noch eine Erinnerung. Die Eltern mußten damals die Fensterläden schließen, denn auf der Straße wurde geschossen. Ein Matrose soll vor unserem Haus ums Leben gekommen sein; die Leiche habe ich nicht gesehen, aber ein Einschußloch an der Mauer im Haus Nr. 12 gegenüber erinnerte noch lange daran, daß

Militär und Freikorps blutige Abrechnung mit den Spartakisten und Räterepublikanern hielten, die noch Ende April 1919 im Luitpoldgymnasium an der Müllerstraße zehn wirkliche oder vermeintliche Mitglieder der Thule-Gesellschaft als Geiseln festgenommen und ermordet hatten. In einem grausamen Massaker, das mindestens 1500 Menschenleben forderte, wurde die bayerische Räterepublik niedergeschlagen.

In diesen Tagen bekam ich auch zum ersten Mal richtig Angst vor militärisch uniformierten Gestalten. Da läuteten eines Vormittags zwei mit Stahlhelm und Karabiner ausgerüstete feldgraue Soldaten an unserer Münchner Wohnung, offenbar Mitglieder jener Freikorps oder Heimwehr-Organisationen. Sie fragten meine Mutter, ob in unserer Wohnung Waffen versteckt oder gar Revolutionäre untergetaucht seien. Mein jüngerer Bruder Max und ich standen in der geöffneten Wohnungstür neben der Mutter und hörten ihre überzeugende verneinende Antwort, so daß die beiden Krieger an der nächsten Türe läuteten.

Gegen Militär und Uniform hatte meine Mutter schon als junges Mädchen eine instinktive Abneigung. Wenn auf Bällen in der Garnisonsstadt Ingolstadt ein Uniformierter sie zum Tanz aufforderte, lehnte sie ab. Sie mußte dann mit ihrer sie begleitenden Mutter das Fest verlassen und nach Hause gehen.

Schule

Volksschule und Gymnasium

1920 kam ich in die Volksschule, zunächst in die Schule an der Bergmannstraße, weil die an der Ridlerstraße, in die ich eigentlich gehörte, noch Kriegslazarett war.

Wir hatten angenehme Lehrer. Besonders sind mir noch zwei Unterrichtsstunden in Erinnerung, die der fortschrittliche Gemeinschaftsschul-Lehrer Müller mit uns abgehalten hat: Einmal hat er uns – das war damals geradezu eine Revolutionierung des Unterrichts – einen Lichtbildervortrag gehalten, in dem das Grün der Bäume und die Farben der Blumen leuchteten. Es war die erste Dia-Vorführung meines Lebens.

Sodann kam Lehrer Müller eines Nachmittags mit einem großen Felsbrocken in den Unterricht, stellte ihn demonstrativ auf das Pult und fragte uns, woher der wohl stamme? Im Hin und Her der Fragen und Antworten erklärte er uns die Eiszeit, während der die einst sehr viel breitere Isar die Steine von den Alpen heruntergewälzt hat. Er erzählte uns von den Gletschern, nach deren Abschmelzen im Laufe der Jahrhunderte die erratischen Felsblöcke in der Gegend von Dachau liegengeblieben waren und noch heute zu bestaunen sind. Das Wort „erratische Blöcke" schrieb er uns sogar an die Tafel und fügte für die, „die einmal ins Gymnasium wollen", an, daß es von dem Lateinischen errare (verirren) komme. In der Pause zeigte er uns, da gerade Föhn herrschte und die Alpen gut zu sehen waren, wo die Isar entspringt.

Der Ehrgeiz der Mutter drängte darauf, daß ich ins Gymnasium kam. Die Freude über die bestandene Aufnahmeprüfung – es war die erste der vielen Prüfungen, die ich im Laufe meines Lebens zu bestehen hatte – hielt mich tagelang in Hochstimmung.

Neun Jahre lang, von 1924 an (ab 1926 gemeinsam mit meinem Bruder Max), ging ich nun jeden Schultag über die vom Lokomotivenrauch immer wieder vernebelte

Hackerbrücke in das Wittelsbachergymnasium am Marsplatz, bis zum Abitur 1933. Warum die Schule für höhere klassische Bildung ausgerechnet auf einem nach dem Kriegsgott Mars genannten Platz erbaut wurde, habe ich erst später herausgebracht: Bis 1890 hieß er Marsfeld und war militärischer Exerzierplatz.

Ich bin gern ins Gymnasium gegangen. Es gab dort viel Interessantes zu lernen, und die Lehrkräfte waren gerechte, besorgte und offenbar auch gut ausgewählte Leute. Zum Teil waren sie Weltkriegsteilnehmer. Alle, auch die jüngeren, waren bemerkenswert konservativ und etwas monarchistisch eingestellt. Von den Gymnasialjahren empfängt ja jeder Pennäler fürs ganze Leben entscheidende Eindrücke und Vorstellungen, die er mitunter später anhand oft recht schmerzlicher Erfahrungen korrigieren muß. Ich denke dabei an politische, vor allem an militärische Vorurteile.

Die Namen unserer Lehrer sind nur noch den überlebenden Mitschülern bekannt: Oberstudienrat Karl Kuchtner etwa, vormals Prinzenerzieher im Hause Wittelsbach, Herausgeber der meistverwendeten griechischen Grammatik. Er reimte für verschiedene Feierlichkeiten immer wieder königstreue Gedichte: „*Steig auf den Thron, du Schyrensohn* ...“. (Die Markgrafen von Schyren [= Scheyern], auch Luitpoldinger genannt, waren die Ahnherrn der Wittelsbacher.) Oder Studienprofessor Gustav Hofmann, klein, mit Spitzbart, der viele Jahre die Abiturklasse der Humanistischen Abteilung auf das große Finale vorbereitete. Als er nach 1933 fürchten mußte, daß er als Mitglied des bayerischen Heimat- und Königsbundes verhaftet würde, stürzte er sich (so erzählte man wenigstens) aus dem Fenster in den Freitod.

In guter Erinnerung blieb uns Schülern der Religionslehrer Alfred Leonpacher; bei ihm lernten wir noch den Inhalt des katholischen Glaubens und die Geschichte der

Abb. 3: Sommer 1924:
Klasse 1B des Wittelsbachergymnasiums in München;
am Boden sitzend der zweite von links: Otto Gritschneder;
stehend der sechste von links: Alfred Andersch.
Klaßleiter Studienrat Hermann Poschenrieder.

Kirche. Ergänzt wurde diese religiöse Unterweisung durch katholische Jugendgruppen. Ich kam zur „Marianischen Studentenkongregation", mit der wir auch Gebirgswanderungen unternahmen und bei der uns unter anderen der österreichische Bundeskanzler Ignaz Seipel und Pater Ingbert Naab besuchten; letzterer konnte dann rechtzeitig ins Elsaß emigrieren. Der Dichter Alois Johannes Lippl hat mit uns abendelang Calderon-Stücke eingeübt. Das alles erweiterte unseren Horizont und auch unsere Kritikfähigkeit, die wir in den nächsten Jahren ja so dringend nötig hatten.

Den größten Bekanntheitsgrad hat nach dem Zweiten Weltkrieg der Rektor des Gymnasiums erreicht: Oberstudiendirektor Gebhard Himmler, Vater des Reichsführers der SS und Leiters der gefürchteten Geheimen Staatspolizei Heinrich Himmler.

Über den Rektor Gebhard Himmler verfaßte Alfred Andersch 1980 eine vielgedruckte und mehrmals im Fernsehen aufgeführte „*Schulgeschichte*" mit dem Titel „*Der Vater eines Mörders*". In dieser von A bis Z erlogenen gehässigen Novelle wird Gebhard Himmler als sadistischer, militaristischer Schulmeister verleumdet.

Alfred Andersch saß in der 3. (nach heutiger Zählung 7.) Klasse neben mir in der Schulbank. Er war ein stiller, freundlicher Mitschüler, aber er hatte die weitaus schlechtesten Noten. Offenbar gestatteten ihm die etwas tristen häuslichen und familiären Verhältnisse keine rechte Konzentration. Er kam innerlich nicht zu der Ruhe, die man für ein Gymnasialstudium braucht. Mit 14 Jahren verließ er das Gymnasium, wurde Verlagslehrling und kam als kommunistischer Jugendführer von Neuhausen ins Konzentrationslager Dachau, von wo ihn sein Vater mit seinen nationalsozialistischen Verbindungen (er war am 9. November 1923 mit Hitler zur Feldherrnhalle marschiert) bald wieder herausbrachte. Daß Andersch mitten im Krieg, am 6. Juni 1944, Hitlers Soldateska verließ und sich in Italien in amerikanische Gefangenschaft begab, macht ihn zum respektablen Vorbild für alle, die sich von kriegslüsternen Obrigkeiten nicht als Kanonenfutter verheizen lassen wollen.

Es gehört zu den Absurditäten, die sich die Geschichte immer wieder einmal erlaubt, daß ausgerechnet der schlechteste Schüler, nämlich Alfred Andersch, der berühmteste wurde.

Die Novelle, die er aus einem beklagenswerten Ressentiment noch kurz vor seinem Tod über Gebhard Himmler schrieb, ist reine Fiktion. Rektor Himmler war kein schadenfroher Besserwisser, sondern ein gerechter, allseits geschätzter frommer Mann mit Stil und Würde. Daß er Andersch mit fallenreichen Fragen hinausgeprüft hätte, ist eine dicke Lüge. Himmler hat Andersch nie „hinausgeprüft", er hat überhaupt niemand aus unserer Klasse geprüft.

Ich habe dem Diogenes-Verlag in Zürich und den Rundfunkanstalten, die aus Anderschens Verleumdung einen eindrucksvollen Film gemacht haben, mehrmals geschrieben, daß ich als Augen- und Ohrenzeuge bestätigen kann, daß das alles erstunken und erlogen ist. Mein Hinweis auf die Wahrheit blieb ohne Wirkung.

Die Reifezeugnisse verteilte Rektor Himmler bei der Jahresschlußfeier nicht in büromäßigen Briefumschlägen, sondern gerollt mit einer weiß-blauen Schleife zusammengebunden. Jeder Absolvent wurde einzeln auf die Bühne gerufen, vom Rektor als „Herr" angeredet und feierlich mit Handschlag beglückwünscht.

Es waren mit allerlei Hoffnungen bunt bewimpelte Schiffe, auf denen man uns ins gefahrenreiche Meer des Lebens entließ.

Der süße Tod fürs Vaterland

Der apokalyptische Reiter Krieg ließ seinen Hufschlag schon uns Gymnasiasten immer wieder hören. So mußten wir bei Feiern vor dem Kriegerdenkmal im Hofgarten spalierstehen, dabei den markigen Reden irgendeines Kriegervereinsvorstandes zuhören und die drohende Inschrift auf dem Denkmal lesen: „*Sie werden auferstehen!*" Im Treppenaufgang des Gymnasiums war eine große Tafel angebracht, auf der die Namen sowie Geburts- und Todesdaten der im Ersten Weltkrieg umgekommenen Schüler zu lesen waren. Und wer am Sonntag als Zuschauer am Straßenrand den stundenlangen Aufmarsch angesehen hatte, bei dem die Mitglieder des Kriegervereins „Stahlhelm" ihre Orden und Fahnen durch die Straßen trugen, wurde am nächsten Tag im Griechischen nicht aufgerufen. Oberstudienrat Krell, ehemaliger

Major, hatte Verständnis dafür, daß man unter solchen Umständen die für Montag aufgegebenen Verben nicht lernen konnte. *Inter arma silent musae. Inmitten der Waffen schweigen die Musen.*

Besonders unsinnig waren (und sind) die griechischen und lateinischen Sprüche, die den Krieg verherrlichen. Etwa: *Der Krieg ist der Vater aller Dinge (* Æ c *).* Obwohl Krieg doch in Wirklichkeit der größte Zerstörer von Leben und Kultur ist. Und noch unverständlicher: *Dulce et decorum est, pro patria mori. Süß und ehrenvoll ist es, für das Vaterland zu sterben.* Was Horaz sich gedacht haben könnte, als er seinen römischen Mitbürgern diesen Vers vorsetzte, weiß ich natürlich nicht. Vielleicht meinte er, wenn schon gestorben sein muß, dann noch am süßesten und ehrenvollsten für das Vaterland. Aber auch das wäre nicht sehr sinnvoll, denn es gibt natürlich wertvollere Güter als die, die man unter dem nicht recht konkreten Begriff „Vaterland" versteht. Von dem ebenfalls in der antiken Literatur beheimateten Vers *„Bellum dulce inexpertis"*, *Der Krieg ist nur für die Unerfahrenen süß*, hat man uns nichts erzählt.

Zu den Fragen, auf die ich in meinem langen Leben nie eine Antwort fand, gehört die nach Ursprung und Sinn der Kriege. Die Geschichte aller Völker und aller Zeiten zeigt, daß mit dem Verstand einfach nicht zu ergründen ist, warum die Menschen übereinander herfallen, und das Allerabsonderlichste ist, daß dafür immer im Grunde vernünftige, einleuchtende und gute Maximen herhalten müssen. Das Christentum zum Beispiel mit seiner Inquisition im Mittelalter hat zu den schaurigsten Exzessen und Morden an Juden und Mauren geführt, die sich so schön anhörenden Lehrsätze des Sozialismus haben, zum Beispiel unter Stalin, zu millionenfachen Morden an einzelnen und an Völkern geführt, und das Wort „Vaterland" hat viele verführt, begeistert über den

Abb. 4: 1928: Für seine Stabilbaukasten-Bergbahn erhielt „Stabilingenieur" Otto Gritschneder 100 RM als 5. Preis. Er kaufte sich einen Fotoapparat und fotografierte damit vor allem seine Lehrer. Der Erlös war das erste selbstverdiente Taschengeld.

Nachbarn herzufallen, seine Häuser zu verbrennen, seine Frauen zu schänden und seine Männer zu töten. Warum das alles?

Aber zurück zu meinen Erlebnissen:

Die mystische Nebulosität dieses so beschwingten Wortes „Vaterland" hat unseren Lehrern immer wieder Anlaß geboten, uns mehr oder weniger verlogene Schulaufsätze darüber schreiben zu lassen, etwa darüber, daß dort „*die starken Wurzeln deiner Kraft*" seien (Schiller) oder daß man das eigene Vaterland lieben, das des anderen (nur) ehren solle. Das war 1933 Thema unseres Abitur-Aufsatzes. Irgend etwas Praktisches läßt sich mit dem so vielvertonten Wort „Vaterland" ohnedies nicht anfangen, denn in der Politik entscheiden ja nicht Gefühle, liebenswürdige Absichten und hymnische Begriffe, sondern, wie Bismarck nach dem 1866er Krieg den bayerischen Außenminister Ludwig von der Pfordten bei den Friedensverhandlungen belehrte, nur „Macht und Interessen".

Sehr konkret hingegen ist das Sterben, ist der Tod, den man vernünftigerweise möglichst lange von sich wegschiebt und nicht voreilig als vermeintlich süß und ehrenvoll umarmt. Wie schrecklich konkret so ein Tod ist, dem man sich erzwungenermaßen ausgeliefert sieht oder dem man verführt und verblendet in die Arme läuft, können uns die 5 250 000 allein auf deutscher Seite Gefallenen des Hitlerkrieges leider nicht mehr sagen, auch nicht die 1 808 000 deutschen Gefallenen des Ersten Weltkriegs. Aber als „süß und ehrenvoll" haben sie es sicher nicht empfunden, als ihnen das Bajonett in den Bauch gestoßen oder der Schädel eingeschlagen wurde.

Von dem schwarz-weiß-rot verfärbten Geschichtsunterricht will ich gar nicht eigens reden. Die Frage nach dem Grund und nach dem Zweck des Krieges, also nach etwa sinnvollen Kriegszielen, wurde kaum gestellt und nie beantwortet. Erst viel später habe ich erfahren, daß zum Beispiel der bayerische König Ludwig III. allen Ernstes meinte, er könnte (was schon Bismarck den Wittelsbachern versprochen hatte) das Elsaß für Bayern bekommen. Wieviele Tote darf so etwas kosten?

Remarques „Im Westen nichts Neues"

Ich lese gern. Bücher sind ja die Fenster zur Vergangenheit und in die weite Welt der Gegenwart. Ich habe schon bald auch über die Wirklichkeit des Krieges einiges zu lesen bekommen. Sehr früh bekam ich Grimmelshausens „Simplicius Simplicissimus" in die Hand und war nächtelang bedrückt von den Grausamkeiten, die die Menschen während des Dreißigjährigen Krieges sich ausgedacht hatten.

Noch mehr, weil neueren Datums, bewegte mich aber ein Buch, von dem der Ullstein-Verlag bereits zwölf

Wochen nach seinem Erscheinen im Januar 1929 eine halbe Million Exemplare verkauft hatte und das alsbald ein Welterfolg wurde: Erich Maria Remarques *„Im Westen nichts Neues"*. In einem durchaus passenden schnodderigen Reporterstil wird hier eindrucksvoll und hautnah dargelegt, wie menschenverachtend und völlig sinnlos die Soldaten im Ersten Weltkrieg auf Befehl ihrer Obrigkeit und mit dem Segen und den Predigten von allerhand Feldgeistlichen sich gegenseitig abschlachteten. 1 808 000 Deutsche sind, wie schon erwähnt, in diesem Krieg getötet und 4 247 000 mehr oder weniger schwer verwundet worden. Remarques Buch war ein solcher Renner, daß die Leihbibliotheken pro Tag (statt pro Woche) 20 Pfennig verlangten. Mein Vater scheute diese Ausgabe nicht; er lieh das Buch für drei Tage aus. Ich las es in einem Zug.

Bei der bekannten Bücherverbrennung im Mai 1933 verschwand natürlich auch Remarques Buch. Erst 1940 ist es mir gelungen, ein Exemplar zu erwerben, und zwar in einem Buchladen in Mühlhausen im Elsaß. Nachdem ich dort die vorsichtige Verkäuferin gefragt hatte, was es so an deutscher Literatur gebe, nannte sie mir zunächst natürlich Goethe und Schiller. Erst nach einem längeren Gespräch rückte sie mit Remarques Antikriegsbuch heraus. Ich habe es heil über den Krieg gebracht; es steht nun als besonders wertvolle Erinnerung in meiner Bibliothek.

Weder der Simplicius Simplicissimus noch Remarques „Klassisches Erlebnisbuch des Frontsoldaten" hielt aber die kritiklose, einfältige und so leicht verführbare Masse (zu der nicht wenige Akademiker gehörten) davon ab, dem hysterischen Kriegstreiber Adolf Hitler nachzulaufen und den von ihm angezettelten Weltkrieg mitzumachen.

Wenn ich noch den geringsten Zweifel an der Naivität der deutschen Jugend und der verbrecherischen Energie der rechtsgerichteten Kreise gehabt hätte, dann wäre er beseitigt worden durch die demagogische Hetzrede, die Adolf Hitler am 7. September 1932 im Circus Krone in München hielt.

Ich war damals ein 18jähriger Oberprimaner und habe mir aus irgendeinem Neugierde-Instinkt heraus diese Rede angehört. Ich bin selten so erschrocken wie an diesem Nachmittag. Hitler, von den dichten Reihen der Wartenden frenetisch bejubelt, sprach, richtiger: bellte an die zwei Stunden ohne Manuskript auf die Leute ein. Er beleidigte alles, was nach Frieden und Vernunft aussah, und es war beängstigend zu erleben, wie die beifallklatschende Menge im Rund der Zirkusarena allmählich aufgeheizt wurde. Wenn man hier nur eine zweifelnde Miene gezeigt oder gar ein kritisches Wort gesagt hätte, wäre man verprügelt worden.

Als besonders ungehörige Passage in dieser Hetzrede sind mir folgende Sätze in Erinnerung geblieben: „*Etwas habe ich meinem größten Gegenspieler voraus: Der Reichspräsident ist 85 Jahre alt, und ich bin 43 und fühle mich kerngesund. Ich habe auch die Überzeugung und das sichere Gefühl, daß mir nichts zustoßen kann, weil ich weiß, daß ich von der Vorsehung zur Erfüllung meiner Aufgabe bestimmt bin. Mein Wille ist zäh, unbändig und unerschütterlich. Bis ich 85 Jahre alt bin, ist Herr von Hindenburg längst nicht mehr. Wir kommen an die Reihe.*“

In der Redaktion des Völkischen Beobachters, des Parteiblattes der Nazis, hatte man offenbar das Gefühl, daß Hitler mit dieser demagogischen Anrempelung des Reichspräsidenten zu weit gegangen war, daher fehlt diese Passage in der Wiedergabe der Rede in der Nummer vom

9. September 1932. Die Münchner Neuesten Nachrichten vom 8. September 1932 und eine Reihe anderer Blätter brachten diese Mißachtung des allseits verehrten Reichspräsidenten gleich am nächsten Tag im vollen Wortlaut.

Ich mußte mir noch das Horst-Wessel-Lied und anderes Trompetengetöse anhören und gelangte dann gottlob heil, aber seelisch aufs äußerste bedrückt wieder ins Freie. Daß dieser Hitler, sobald er an die Macht käme, einen Krieg beginnen würde, war mir von dieser Stunde an klar, und ich hatte nur die Sorge, meinen Kopf dabei zu retten.

Hitlers Auftreten im Circus Krone hatte mich hellhörig gemacht. Daher besorgte ich mir Hitlers Programmbuch „*Mein Kampf*". Ich gehöre zu den recht wenigen, die dieses in miserabelstem Deutsch geschriebene Sammelsurium von hysterisch nationalsozialistischen Sprüchen von A bis Z aufmerksam gelesen haben. Dieses schauerliche Buch entlarvt seinen Autor als rechtsfeindlichen und gewaltbesessenen Paranoiker so deutlich, daß man bedrückende Angst bei der Vorstellung bekommen mußte, Hitler und seine Nationalsozialistische Deutsche Arbeiterpartei könnten einmal „an die Macht kommen". Das wäre wohl auch nicht geschehen, wenn die maßgebenden und für das Wohl des Volkes verantwortlichen Leute „*Mein Kampf*" ernstgenommen hätten.

Hitlers Machtübernahme

Am 30. Januar 1933 war es dann soweit. Der völlig vergreiste 86jährige Reichspräsident Paul von Hindenburg machte den dreimal vorbestraften Adolf Hitler zum Reichskanzler. Dabei schwor Hitler, woran sich viele heute nicht mehr erinnern wollen, den Ministereid auf die von ihm vierzehn Jahre lang so fanatisch bekämpfte Weimarer Verfassung von 1919. Das war ein politischer Meineid, die letzte Lüge des Parteiführers Hitler und die erste Lüge des Reichskanzlers Hitler:

„Ich schwöre: Ich werde meine Kraft für das Wohl des Deutschen Volkes einsetzen, die Verfassung und die Gesetze des Reichs wahren, die mir obliegenden Pflichten gewissenhaft erfüllen und meine Geschäfte unparteiisch und gerecht gegen jedermann führen."

In der leider keineswegs trügerischen Vorahnung des alsbald kommenden Hitlerkrieges versuchte ich natürlich, mich möglichst lange dem Sog der mörderischen Kriegsmaschine zu entziehen, der sich zunächst mehr psychologisch bemerkbar machte, indem allerhand Ausbildungslager, Wehrsport und ähnliche „wehrwichtige" Dinge veranstaltet wurden. So meldete ich mich 1933 bei keiner der vielen NS-Organisationen und natürlich auch nicht bei dem für meinen Jahrgang noch freiwilligen Reichsarbeitsdienst. Ich trachtete danach, mein Jurastudium möglichst rasch zu beginnen und möglichst rasch zu Ende zu bringen.

Die Rechnung ging übrigens auf. Ich war 1945 einer der ganz wenigen des Geburtsjahrgangs 1914, die bereits die Große Juristische Staatsprüfung hinter sich hatten.

Doch davon später. Zunächst noch muß ich das Ende meiner Gymnasiallaufbahn erzählen.

Schülerprotest 1933 gegen das Horst-Wessel-Lied

Von den Streichen, die jeder Gymnasiast auf ähnliche Weise und immer wieder erzählt, soll hier nicht die Rede sein. Aber ein Streich, wenn man das noch so nennen kann, wuchs sich zum politischen Schulskandal aus.

Im Jahresbericht, den wir, wie jedes Jahr, auch über das Schuljahr 1932/33 gedruckt mitbekamen, berichtete der Nachfolger des Rektors Himmler, Oberstudiendirektor Andreas Franz Wahler, etwas kühl und distanziert: *„Die aus Anlaß der Eröffnung des neugewählten Reichstags von dem Kommissarischen Minister für Unterricht und*

BAYERISCHE VOLKSPARTEI
Kreisverband München-Stadt (e. V.)
MITGLIEDSKARTE für

B. V. P. München
2 Mk.
1933

Herrn
Otto Gritschneder
stud. iur.
München
Anglerstr. 7.

Zur gefl. Beachtung! Diese Karte ist nicht übertragbar. Sie hat nur Gültigkeit wenn die jeweilige Jahresbeitragsmarke (siehe nebenan!) aufgeklebt ist. Es wird gebeten, die Mitgliedskarte gut aufzubewahren, da sie für mehrere Jahre Gültigkeit behalten soll und auch a[...]usweis für alle Veranstaltungen der Partei gilt. Die Veranstaltungen der B.[...] P. werden jeweils am Samstag im Vereinskalender unserer Parteipresse („Bayerischer Kurier" und „Neues Münchener Tagblatt") bekanntgegeben.

Abb. 5: Im Frühjahr 1933 trat Otto Gritschneder, um seine Opposition zu bekunden, der kurz darauf verbotenen Bayerischen Volkspartei bei. Nach dem Krieg entstand sie als CSU neu.

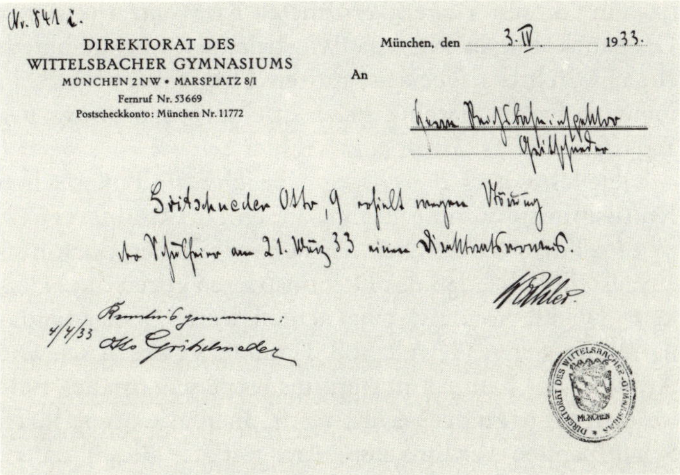
DIREKTORAT DES
WITTELSBACHER GYMNASIUMS
MÜNCHEN 2 NW • MARSPLATZ 8/I
Fernruf Nr. 53669
Postscheckkonto: München Nr. 11772

München, den 3. IV. 1933.

An

Gritschneder Otto, 9 erhielt wegen Störung der Schulfeier am 21. März 33 einen Direktoratsverweis.

Kenntnis genommen:
4/4/33 Otto Gritschneder

Abb. 6: „Gritschneder Otto, 9[.Klasse] erhielt wegen Störung der Schulfeier am 21. März 33 einen Direktoratsverweis." Er hatte am „Tag von Potsdam" beim Absingen des Horst-Wessel-Liedes unter Pfui-Rufen den Saal verlassen.

Kultus angeordnete Schulfeier wurde am Vormittag des 21. März 1933 im Turnsaal des Hauptgebäudes durch musikalische und gesangliche Vorträge sowie eine der Bedeutung des Tages würdige Ansprache des Anstaltsvorstandes begangen.“ Diese Feier endete, wie üblich, mit dem Absingen des Deutschlandliedes. Anschließend sangen aber einige Nazis das Horst-Wessel-Lied. Diese Provokation beantworteten mehrere Schüler, darunter auch ich, und einige Lehrer, auch der Religionslehrer Studienprofessor Joseph Holzner, mit Pfuirufen und „*Schmährufen auf den Führer*“ (wie der Völkische Beobachter anschließend berichtete). Wir verließen noch während des Parteigesanges den Saal.

Am nächsten Tag kam die Polizei und wollte die Namen der Demonstranten wissen. In der Parteipresse wurde der Fall lebhaft erörtert. Es gelang den Lehrern, das Ganze als Jugendstreich zu entschärfen. Wir hätten aber (wie wir erst nachträglich fürchten konnten) auch in das in diesen Tagen eröffnete Konzentrationslager Dachau kommen können. Wir bekamen aber lediglich einen Direktoratsverweis, dessen Original ich noch in meinem Familienarchiv habe: „*... wegen Störung der Schulfeier am 21. März 1933*“.

Viele Jahre nach dem Krieg habe ich beim Bayerischen Kultusministerium beantragt, diesen Direktoratsverweis in aller Form aufzuheben, da sich inzwischen doch herausgestellt habe, daß das Demonstrieren gegen die Nazis kein Delikt, sondern eine achtenswerte Widerstandshandlung gegen Gewalt und Tyrannei gewesen sei. Die Antwort des Kultusministeriums war einigermaßen hilflos und paßte zu der verkrusteten, phantasielosen, durch Scheuklappen verdunkelten Art, mit der dieses teuere Ministerium immer wieder einmal agiert: „*Bei einem Verweis handelt es sich um eine pädagogische Maßnahme der Schule, die der Erziehung des jungen Menschen dient. Sie wird spätestens mit Beendigung der Schullaufbahn und dem Ausscheiden des Schülers aus der Schule gegenstandslos.*" Das Staatsministerium sehe weder Veranlassung noch Möglichkeit, heute auf eine vor 46 Jahren getroffene Erziehungsmaßnahme einzugehen.

Der SPIEGEL hat sich diese hübsche Geschichte nicht entgehen lassen (Nr. 28/1979, S. 172).

Der Kommunist unterm Fensterbrett

Bevor ich nun endlich zu meinen Studentenjahren komme, noch eine für jene 1933 beginnende Nazi-Herrschaft typische Geschichte:

Im obersten Stockwerk, über unserer Mietwohnung, wohnte der Kommunist Karl Gutknecht, von Beruf Mechaniker. Bei allen Wahlen hing aus seinem Fenster eine rote Fahne mit Hammer und Sichel heraus.

Nach Hitlers Machtübernahme rumpelten im Frühjahr 1933 eines Abends einige SA-Leute die Stiege zu Gutknecht hinauf, um ihn ins Konzentrationslager zu verschleppen, wo in diesen Wochen ja viele eingekerkert und nicht wenige umgebracht wurden. Sie fanden den Gesuchten aber nicht, obwohl das Bett noch warm war und Frau Gutknecht ohne weiteres sofort die Wohnungstür geöffnet hatte. Aus dem Fenster konnte er nicht entkommen sein, weil das Dach zu steil war. Die kleine Zweizimmerwohnung war rasch durchstöbert, aber nirgendwo fand man den Kommunisten Gutknecht. So zog der Suchtrupp lärmend und ergebnislos wieder ab.

Am Morgen darauf kam eine Gestalt die Treppe herunter. Meine Mutter lugte aus dem Guckloch unserer Wohnungstür und erkannte alsbald Herrn Gutknecht, obwohl dieser sich Frauenkleider angezogen hatte. Wo konnte er hergekommen sein?

Erst 12 Jahre später, nach dem Krieg, im Sommer 1945, erfuhr ich des Rätsels Lösung. Ich suchte Gutknecht in der Münchner Zentrale der wiederaufgelebten Kommunistischen Partei Deutschlands in der Widenmayerstraße auf. Er erzählte von seiner Emigration nach Frankreich und seiner abenteuerlichen Flucht aus den dortigen Gefängnissen. Nun wollte ich endlich wissen, wie er damals in seiner Wohnung über uns dem SA-Suchtrupp entkam. Antwort: Er hatte rechtzeitig unter dem Fensterbrett im Hohlraum unter der Dachschräge ein Versteck geschaffen, gerade so groß, daß er dort mehrere Stunden zusammengekrümmt zubringen konnte. Dieser Hohlraum war von seiner Frau mit einem passenden Holzdeckel so verkleidet worden, daß er niemandem auffiel.

Student und Referendar
im Dritten Reich

Die Studienjahre an der Universität

Mit 19 Jahren begann ich im Mai 1933 an der Ludwig-Maximilians-Universität in München das Studium der Rechts- und Staatswissenschaften. Wie der Wanderer vor der dunklen Nacht noch das Abendrot als farbenfrohe Erinnerung an den vergangenen Tag erlebt, so erlebte ich noch die letzten Lichter der von den Nazis allmählich in die Finsternis gedrängten traditionsreichen, weltberühmten Universität. Ich konnte noch den Meister der Klarheit und des Vortrags Wilhelm Kisch über bürgerliches Recht hören und den weltberühmten Romanisten Karl Vossler über Dantes Göttliche Komödie. Dem im besten Sinne liberalkatholischen Wirtschaftsprofessor Adolf Weber verdanke ich viele Einsichten in wirtschaftliche Zusammenhänge. Nebenbei hörte ich noch medizinische Vorlesungen bei Professor Siegfried von Mollier, der ein Semester lang über das Wunder des menschlichen Rückgrats lehrte und am Semesterende den staunenden Studenten vormachte, was so ein Rückgrat alles leistet, indem er aus der Rückenlage, ohne die Hände aufzustützen, mit der Kippe vorwärts zum Stand aufschnellte. Philosophische Anfangsbegriffe hörte ich bei dem Spätscholastiker Josef Geyser. Ergänzungen dazu und Vertiefungen der Lehre vom Wesen und der Geschichte des Naturrechts konnte ich in der nahegelegenen Veterinärstraße erfahren, wo die Redaktion der Jesuitenzeitschrift *Stimmen der Zeit* arbeitete. Dort lernte ich Max Pribilla, Anton Koch und Peter Lippert kennen. Pater Pribilla, ein Schulkamerad Adenauers, sagte immer wieder, er möchte lang genug leben, um noch zu erfahren, wie das Nazi-Regime ende. Er erlebte es noch, denn er starb erst 1956 im Alter von 83 Jahren. Pater Koch prophezeite, die Hitler-Herrschaft werde erst zu Ende sein, wenn die Amerikaner und die Russen vor der Reichskanzlei stünden und Hitler nicht einmal mehr „Pap“ sagen könne.

Einmal erlebte ich auch den weltberühmten Thomas-von-Aquin-Forscher Martin Grabmann bei einer feierlichen theologischen Promotion.

Nach und nach freilich sickerten die Konjunkturritter und Anpassungs-Rastellis in den immer brauner werdenden Lehrkörper der Universität ein. Zum Beispiel übernahm die Vorlesungen des jüdischen Staatsrechtlers Hans Nawiasky gleich im Sommer 1933 der junge Theodor Maunz, ein sehr freundlicher und schulmeisterlich recht effizienter Streber, ein Staatsrechtslehrer ohne Staatsbegriff und ohne Rechtsbegriff.

Ich saß viele Abende in dem mit grünen Tischlampenschirmen mild erleuchteten juristischen Lesesaal. Die Universität hatte sorgfältig gesammelt, was an abendländischer Weisheit zu erfahren war, besonders an antiker Weisheit. Geschichte, Struktur und weltweite Wirkung des Römischen Rechts faszinierten mich regelrecht, ein Fach, das damals unter der Naziherrschaft schon nicht mehr geprüft und nur noch als Wahlfach gehört werden durfte, da ja laut Nr. 19 des Nazi-Parteiprogramms *„das der materialistischen Weltordnung dienende Römische Recht"* bald durch ein *„deutsches Gemeinrecht"* ersetzt werden sollte. Leider lernen auch heute die deutschen Juristen kaum mehr etwas von dem genialen und so geschichtsträchtigen Römischen Recht. Darunter leidet heute unsere diffuse und widerspruchsvolle Rechtsprechung spürbar.

Schon während meiner Studienjahre gab es zwei spektakuläre Ereignisse, die auch dem Harmlosesten klarmachen mußten, daß Hitler auf einen Krieg zusteuerte und dabei immer wieder die massive Unterstützung der deutschen Generalität fand.

Der sogenannte Röhm-Putsch

Das eine dieser spektakulären Ereignisse war die sogenannte Röhm-Affäre, mit der Hitler die Sympathie und Gefolgschaft der Reichswehr gewann, die er für die Verwirklichung seiner Kriegspläne brauchte. Bereits bald nach der Machtübernahme, nämlich am 30. Juni 1934, ließ Hitler durch seine NS-Schergen und ohne jedes Gerichtsverfahren einige Dutzend hoher SA-Führer erschießen und gleichzeitig eine Reihe von wirklichen oder vermeintlichen Gegnern ermorden, insgesamt siebenundachtzig Männer und drei Frauen, darunter auch die Wehrmachtsgenerale Kurt Schleicher (den letzten Reichskanzler der Weimarer Republik) und dessen Mitarbeiter General Ferdinand von Bredow.

Man möchte nun meinen, daß der vielgerühmte Ehrbegriff der Generale und Offiziere es erforderte, den mörderischen Führer und Reichskanzler Hitler zur Verantwortung zu ziehen und etwa von einem Standgericht zum Tode verurteilen zu lassen.

Statt dessen stellten sich der Reichskriegsminister Werner von Blomberg und seine Equipe in einer beispiellosen Charakterlosigkeit auf Hitlers Seite. Blomberg verbot seinen Offizieren sogar, an der Beisetzung der ermordeten Generalskameraden Schleicher und Bredow teilzunehmen.

Blomberg und seine kriegslüsterne Umgebung ließen Soldaten und Offiziere unmittelbar nach dem Tode Hindenburgs am 2. August 1934 einen neuformulierten Fahneneid schwören, der blinden Gehorsam auch für verbrecherische Befehle verlangte:

„*Ich schwöre bei Gott diesen heiligen Eid, daß ich dem Führer des Deutschen Reiches und Volkes Adolf Hitler, dem Oberbefehlshaber der Wehrmacht, unbedingten Gehorsam leisten und als tapferer Soldat bereit sein will, jederzeit für diesen Eid mein Leben einzusetzen.*“

Aufrüstung und allgemeine Wehrpflicht

Das zweite Indiz, das dem auch nur halbwegs aufmerksamen Beobachter der Zeitgeschichte als Vorbereitung eines Krieges auffallen mußte, war am 16. März 1935 die Einführung der allgemeinen Wehrpflicht für das „Deutsche Friedensheer". Die zutiefst verlogene Begründung dafür wurde sogar im Reichsgesetzblatt „An das deutsche Volk!" gerichtet und auf fünf Seiten abgedruckt; hier ein Kernsatz:

„Denn in dieser Stunde erneuert die deutsche Regierung vor dem deutschen Volk und vor der ganzen Welt die Versicherung ihrer Entschlossenheit, über die Wahrung der deutschen Ehre und der Freiheit des Reiches nie hinausgehen und insbesondere in der nationalen deutschen Rüstung kein Instrument kriegerischen Angriffs als vielmehr ausschließlich der Verteidigung und damit der Erhaltung des Friedens bilden zu wollen." Unterschrift: Der Führer und Reichskanzler Adolf Hitler und sämtliche Reichsminister.

Da ich also nun absolut sicher sein konnte, daß Hitler bald einen Krieg anfangen würde, mußte ich mich mit der Vorbereitung auf das Erste Juristische Staatsexamen beeilen, obwohl ich gern noch länger studiert hätte. Aber nach knapp drei Jahren, bereits im April 1936, stellte ich mich der damals noch bei der Universität abzulegenden Referendarprüfung, bei der übrigens nicht allzu viel verlangt wurde. An die vom Strafrechtler Eduard Mezger vorgelegte Dreiwochen-Hausaufgabe erinnere ich mich noch deutlich: Ein Hühnerdieb mißachtete bewußt die mit „Lebensgefahr" beschilderte Warntafel und kam deshalb zu Tode. Kann der Hühnerstallbesitzer deshalb bestraft werden, etwa wegen fahrlässiger Tötung?

Irgendeiner nazistischen Organisation trat ich natürlich weiterhin nicht bei. Ich wurde vielmehr im Dezember 1933 Mitglied der Katholischen Deutschen Studentenverbindung Aenania, der ältesten und größten Verbindung des Cartellverbandes der katholischen farbentragenden deutschen Studenten (CV). Mein Schulfreund Hermann Mößmer, der Sohn des Philisterseniors Ministerialrat Karl Mößmer, hat mich dafür geworben. Hier begegnete ich einer fast hundert Jahre lang über alle Staats- und Regierungsformen hinweg lebendig gebliebenen Tradition katholischer Akademiker. Georg Graf von Hertling, vor dem Ersten Weltkrieg Reichskanzler, war Aenane, die bayerischen Minister Franz Matt, Franz Schweyer und Hans Schmelzle saßen in den zwanziger Jahren hin und wieder alle drei bei unseren Conventen zusammen. Der Jesuitenpater Rupert Mayer gehörte ebenfalls der Aenania an.

Daß es auch schwarze bzw. braune Schafe in unserer Verbindung gab, erfuhr ich erst später: Theodor Maunz zum Beispiel, dessen staatsrechtliche Schriften und Vorträge von Naziprüchen wimmeln. „*Gesetz ist geformter Plan des Führers und damit Ausdruck der völkischen Lebensordnung. Der gesamte Plan des Führers ist oberstes Rechtsgebot*". Der Führer ist „*vor allen anderen berufen, das Recht zu erkennen, kundzutun und zu vollstrecken.*" Als seine Nazischriften ans Licht kamen, mußte er 1964 den Posten des Bayerischen Kultusministers, den ihm die CSU besorgt hatte, aufgeben. Oder der spätere Bundesverfassungsrichter Willi Geiger, der es in seiner Promotion über das hitlersche Schriftleitergesetz vom Oktober 1933 noch im Jahre 1941 begrüßte, daß durch die Arierparagraphen *der kulturzerstörerische Einfluß des Judentums endgültig beseitigt* sei, und der während des Krieges am Sondergericht Bamberg als Ankläger wegen unbedeutender Vorfälle einige Todesurteile gegen junge Polen „erfolgreich“ beantragte. (Nach dem Hitlerkrieg wurde Geiger schon 1951 Bundesverfassungsrichter, 1966 war er Präsident des 81. Deutschen Katholikentages in Bamberg.) Oder der „Verbindungsführer“ Dr. Michael Bäuml, der dem Bayerischen Innenminister Gauleiter Adolf Wagner als Pressechef an hervorragender Stelle diente und bis zum Schluß besonders widerliche Durchhalteaufsätze im *Völkischen Beobachter* schrieb. Oder gar Dr. jur. Karl Groll, der CV-Vorortspräsident von 1933 (oberster Funktionär aller deutschen farbentragenden Katholischen Studienverbindungen), ein sehr geschäftiger Bundesbruder aus Niederbayern; er hatte schon im Mai 1933 (was ich bei meinem Aufnahmeantrag im Dezember 1933 nicht wußte) an den „Volkskanzler“ Hitler ein längeres Ergebenheitstelegramm geschickt, in dem er unter anderem die „lautere Gesinnung“ dieses wiederholt vorbestraften Landesverräters „flammenden Herzens ... bewundert“. Groll meldete sich alsbald freiwillig zur Hitlerwehrmacht und wurde 1940 Feldkriegsgerichtsrat, später Stabsrichter. Er hat mir selbst noch erzählt, daß er gegen Kriegsunwillige mehrere Todesurteile fällen „mußte“.

Als ich Ende 1933 der Aenania beitrat, wußte ich nicht, daß der CV bereits Annäherungsversuche an das Naziregime gemacht hatte. Auch von unmittelbarer kirchlicher Seite gab es erstaunliche Verbeugungen gegenüber dem sich allmählich festigenden NS-Regime: Kardinal Faulhaber selbst gab bereits im März 1933 seinen bayerischen Mitbischöfen den dringenden Rat, gegenüber der „neuen Regierung“ mehr Toleranz zu üben, diese sei *„rechtmäßig wie noch keine revolutionäre Partei in den Besitz der Macht gelangt“*. Und den katholischen Juden im Konzentrationslager, die sich hilfesuchend an Faulhaber gewandt hatten, ließ er im April 1933 ausrichten, man gehe jetzt *„förmlich mit Mitleid für die getauften Ju-*

den hausieren", er könne jetzt unmöglich für jeden einzelnen Gefangenen eine Aktion unternehmen, er habe „*grundsätzliche Dinge in Ordnung zu bringen*". Und am 4. November 1936 sagte Faulhaber in einer dreistündigen Aussprache zu Hitler: „*Sie sind als das Oberhaupt des Deutschen Reiches für uns gottgesetzte Autorität, rechtmäßige Obrigkeit, der wir im Gewissen Ehrfurcht und Gehorsam schulden.*"

Und noch ein Beispiel aus der katholisch-theologischen Hochschulszene: Professor Michael Schmaus, der mit seiner mehrbändigen und immer wieder aufgelegten „Katholischen Dogmatik" eine ausgezeichnete und gut lesbare Darstellung der katholischen Lehre erarbeitet hat, hielt im Sommer 1933 an der Universität Münster einen begeistert aufgenommenen Grundsatzvortrag: „*Unaufhaltsam sinkt eine große Epoche abendländischer Geschichte ins Grab. Die sie beherrschenden Mächte waren Liberalismus, Individualismus, Rationalismus. Die nationalsozialistische Bewegung ist der lauteste und stärkste Protest dagegen, sie setzt ihnen entgegen die hohen Güter der Bindung an naturgegebene Wirklichkeiten und Ordnungen ... Ihren höchsten Gegenstand findet die organische Weltauffassung, die Ganzheitsbetrachtung, in dem aus Blut und Boden, aus Schicksal und Aufgabe gewachsenen Volk. ... Zu diesen Ideen (Gemeinschaft, Volk, Bindung, Autorität) hat der Katholik aufgrund seines Glaubens eine durch und durch positive Einstellung; er muß sie haben, wenn er nicht aufhören will, Katholik zu sein.*"

Genug der Beispiele solcher theologisch-professoraler Fehlleistungen. Genützt haben diese Anbiederungsversuche nichts. Auch das Reichskonkordat vom Juli 1933, mit dem der Papst versuchte, mit dem NS-Regime einigermaßen zurechtzukommen, war für Hitler nur ein unverbindlicher Fetzen Papier. Er bekämpfte mit Schlauheit und Verbissenheit nach wie vor alle christlichen Organisationen und alle christlichen Auffassungen.

So wurden 1937 alle CV-Verbindungen (auch die Aenania) verboten und enteignet, erst nach dem Krieg lebten sie wieder auf, und ich hatte dann den ehrenden Auftrag übernommen, unser Verbindungshaus in der Schellingstraße 44 auf dem Gerichtsweg wieder zurückzufordern. Die bayerischen Gerichte hatten dafür kein Verständnis und wiesen unsere Wiedergutmachungsklage ab; erst bei der CORA, dem alliierten Wiedergutmachungsgericht in Nürnberg, konnte ich unsere Ansprüche durchsetzen und so die finanzielle Grundlage für unser neues Verbindungshaus schaffen.

Referendar-Eid auf Adolf Hitler

Zurück zum Jahr 1936: Die Erste Juristische Staatsprüfung hatte ich am 22. April 1936 bestanden. Am 2. Mai begann ich meine Referendarausbildung beim Amtsgericht Wolfratshausen.

Beinahe hätte ich sie nicht begonnen, denn als Beamter auf Widerruf, der ich nun geworden war, mußte ich einen Eid auf Adolf Hitler leisten. Hitler war ein wegen Beleidigung, Landfriedensbruchs und Hochverrats erheblich vorbestrafter Abenteurer. Er hatte sich durch Lügen, Betrug und Erpressung von einem deutschen Teilreichstag am 23. März 1933 in verfassungswidriger Weise durch ein „Ermächtigungsgesetz" die Gesetzgebungsgewalt übertragen lassen; am 30. Juni 1934 hatte er neunzig Frauen und Männer unter dem Vorwand eines Putsches ermorden lassen, und zwar ohne Gerichtsurteil. Auf ihn sollte ich also den Beamteneid leisten!

Ein Risiko wäre mit der Verweigerung eines solchen „Eides" nicht verbunden gewesen, denn ich hätte ohne Angabe von Gründen einfach erklären können, daß ich mich entschlossen hätte, meine juristische Laufbahn nicht weiter zu verfolgen. Warum aber sollte ich mir durch die Protokollierung einer das Gewissen in keiner

Weise verpflichtenden Erklärung meine Berufslaufbahn verbauen? Daß Hitler selbst von solchen politischen Eiden nichts hielt, hat er dadurch bewiesen, daß er den Eid, den er als Reichskanzler am 30. Januar 1933 auf die Weimarer Verfassung geleistet hatte, nie ernstgenommen und sofort gebrochen hat.

So habe ich also am 2. Mai 1936 „durch Nachsprechen der Eidesformel und Aufhebung der rechten Hand" folgendes erklärt: *„Ich schwöre: Ich werde dem Führer des deutschen Reiches und Volkes Adolf Hitler treu und gehorsam sein, die Gesetze beachten und meine Amtspflichten gewissenhaft erfüllen, so wahr mir Gott helfe."*

Die acht Monate am „kleinen Amtsgericht" in Wolfratshausen waren lehrreich, beinahe ein wenig gemütlich. Hier erlebte ich das erste Mal hautnah die juristische Praxis. Ich mußte Gerichtsprotokolle fertigen, Urteilsentwürfe schreiben und durfte bei den Kontrollbesuchen im Gefängnis dabeisein. Die 28 Kilometer von meiner Wohnung zum Gericht fuhr ich täglich mit dem Fahrrad, weil mir die Isartal-Bahn zu teuer war. Da ich mich dabei gelegentlich an einen Lastwagen hängte, fiel ich auch einmal böse aufs Pflaster, die Wunde an der Oberlippe ist heute noch ein wenig sichtbar. Als „würdig und bedürftig" bekam ich 28,50 Reichsmark monatliche Zuwendung von der Justizverwaltung.

In der Großstadtkanzlei

Im Januar 1937 bekam ich in der Kanzlei der Justizräte Dr. Georg Nützel und Rudolf Laturner einen Mitarbeiterplatz. Mein Salär betrug immerhin 150 Reichsmark im Monat. 50 Mark davon konnte ich meiner Mutter zahlen, die als Reichsbahninspektors-Witwe (mein Vater war im August 1936 gestorben) eine kleine Pension bekam und bei der ich nach wie vor in der Anglerstraße 7 wohnte, von wo aus ich jeden Morgen, wieder mit dem Fahrrad, in die Anwaltskanzlei am Stachus fuhr.

Das Anwaltsbüro Nützel und Laturner war eines der größeren in München, es hatte seine Räume gegenüber dem Justizpalast, in den ich mehrmals in der Woche als Vertreter der beiden Anwälte hinüberzugehen hatte, um die Termine für die kleineren Prozesse, vor allem die lästigen Mietprozesse, wahrzunehmen. Da konnte ich zum Beispiel erleben, daß ein biederer Familienvater mit Weib und Kind die Wohnung verlassen mußte, weil er am 20. April, dem Geburtstag des „Führers", keine Hakenkreuzfahne hinaushängen wollte, auch dann nicht, als der Ortsgruppenleiter ihm kostenlos eine solche zur Verfügung stellte. Der Mietrichter erklärte das Verhalten des Mieters für eine unzumutbare Störung der Hausgemeinschaft und gab der Räumungsklage des Hauseigentümers statt.

Im Büro selbst, es war das erste Büro, in dem ich in einem eigenen Zimmer arbeiten konnte, lernte ich sehr viel, nicht nur an juristisch-praktischen Dingen, sondern auch an Büropsychologie. Die mehr oder weniger spürbaren Sympathien und Antipathien der Damen und Herren des Büros, die Auseinandersetzungen unter den beiden Chefs und vor allem die Behandlung der Mandanten waren hochinteressante und lehrreiche Dinge.

Als einmal ein bekannter Münchner Fotogeschäftsinhaber ganz zerknirscht mit einem Strafbefehl der Devisenstrafsachenstelle kam (er hatte Österreichische Schillinge im Wert von etwa 20 Reichsmark eingenommen, ohne sie der Devisenstelle zu melden), mußte ich dem Mandanten die Strafvorschriften für Devisenverbrechen abschreiben und aushändigen, in denen zu lesen war, daß für schwere Devisenverbrechen auch die Todesstrafe verhängt werden konnte. Soweit wird es zwar nicht kommen, meinte Justizrat Laturner in einem sehr ernsten Mandantengespräch, aber gewichtig sei der Fall immerhin. Als es dann bei einem persönlichen Besuch des Chefs bei der Devisenstelle, bei dem ich ihn zu begleiten hatte, erwartungsgemäß gelang, die Sache wegen Geringfügigkeit mit einer kleinen Buße zur Einstellung zu bringen, versäumte der Justizrat nicht, auf sein Ansehen bei den Behörden und seine bewährte Suada hinzuweisen, und kassierte von dem verängstigten, doch nunmehr einigermaßen beruhigten Mandanten ein nach damaligen Verhältnissen recht hohes Honorar von 500 Reichsmark.

Pflichtverteidiger am Sondergericht

Als Referendar hatte ich auch Pflichtverteidigungen am Sondergericht München zu übernehmen. Eine solche Sondergerichtsverhandlung soll hier einmal näher geschildert werden:

1938 war das nationalsozialistische Gewaltregime so richtig eingespielt. Vor allem funktionierte der justizförmig getarnte Terrorapparat, besonders durch die Sondergerichte. Tag für Tag wurden Leute, meist kleine Leute, abgeurteilt, weil sie in der Öffentlichkeit geäußert hatten, Hitler bringe uns den Krieg, und in Dachau würden Leute erschlagen, oder weil sie gar Flugblätter verteilt oder einen zu guten politischen Witz erzählt hatten.

Während meiner Ausbildung wurden mir zur Verteidigung zwei Anstreicher zugeteilt, die seit Monaten schon in Untersuchungshaft saßen und nun abgeurteilt werden sollten. Ihr Verbrechen bestand darin, daß sie, während sie für die Olympischen Winterspiele 1936 in Garmisch-Partenkirchen Stangen und Bretter anzustreichen hatten, sich über die Verhältnisse in München unterhalten hatten. Anstreicher kommen ja, wie Taxifahrer und Friseure, mit vielen Leuten zusammen und erfahren viele Dinge, die in einer Diktatur das Licht der Öffentlichkeit zu scheuen haben.

So hatten die beiden sich über die sogenannten Künstlerfeste unterhalten, die immer wieder einmal im Künstlerhaus am Lenbachplatz in München stattfanden. Dort tummelte sich die Münchner NS-Prominenz. Eine besondere Rolle spielten dabei Damen vom Ballett des Gärtnerplatztheaters, der von Hitler so nachhaltig geförderten wohl einzigen Staatsoperette der Welt.

Bei diesen nächtlichen Festen herrschte freilich nicht mehr Ausgelassenheit, als bei solchen Festivitäten auch in anderen Zeiten immer schon geherrscht hatte. Sie waren, wie der ganze Nationalsozialismus, spießig und plump. Es ging dort laut und besoffen zu. Besonders hervorgetan hat sich dabei neben dem großsprecherischen Gauleiter und Innenminister Adolf Wagner der ehemalige Hausmeister im „Blauen Bock" am Viktualienmarkt Christian Weber, der nun als hoher SS-Führer in den Räumen der ehemals königlichen Residenz wohnte, ein ungewöhnlich dicker Saufian, der sich unter anderem den Daglfinger Pferdesport und die dazugehörigen Pferdezucht-Organisationen unter den Nagel gerissen hatte.

Über diese Bonzen-Festivitäten also hatten sich meine beiden Pflichtmandanten, während sie die olympischen Bretter in Garmisch strichen, unterhalten, und dabei hatte einer von beiden die anschauliche Wendung gebraucht: *„Der Gauleiter Wagner hat auch einen olympischen Rekord. Er kann im Künstlerhaus zugleich saufen, schnarchen und ..."*

Dieses letzte Wort war das eigentlich gravierende und wird nicht gern zu Papier gebracht. Der Leser mag aus seinem Wortschatz die passende Formulierung ergänzen.

Ein Sporthilfslehrer hatte diesen Satz gehört und die beiden Anstreicher „pflichtgemäß" angezeigt.

Ich durfte die beiden, natürlich getrennt, unter vier Augen im Untersuchungshaft-Gefängnis Am Neudeck in München sprechen. Es waren biedere Leute, Mitte

Zwanzig, sie hatten in einem Vorort von München recht und schlecht ihre Lehre hinter sich gebracht und waren nun froh, durch das „Arbeitsbeschaffungsprogramm des Führers“ wieder in Arbeit gekommen zu sein.

Über die Sache selbst war nicht viel zu erzählen. Die beiden hatten offene Augen und offene Ohren und das unverbildete Beobachtungsvermögen von Handwerkern, zu deren Berufseigentümlichkeit es ja gehört, ein bißchen genauer hinzuschauen als die Studierten. So war ihnen bei den Arbeiten im Künstlerhaus nicht entgangen, was die NS-Spießer so alles trieben. Es könne schon sein, so meinten sie, daß sie sich in Garmisch darüber unterhalten hätten, aber es sei ja „alles wahr“, und deshalb könnten sie doch nicht verurteilt werden, meinten sie.

Um 15 Uhr begann die Hauptverhandlung auf Saal 211 im Justizpalast. Es war der Sitzungssaal, in dem 1937 der Jesuitenpater Rupert Mayer verurteilt worden war und in dem 1943 Mitglieder der „Weißen Rose“ von Roland Freisler zum Tode verurteilt wurden.

Die Verhandlung gegen meine zwei Mandanten zog sich träge und ohne besondere Wellenschläge dahin: Vernehmung zur Person, Verlesung der Anklageschrift, Äußerung der Angeklagten, die die ihnen zur Last gelegte Redewendung abstritten, jedenfalls nicht so gemacht haben wollten, wie sie in der Anklage stand. Der Vorsitzende tat nicht lange herum, denn vor der Tür wartete ja der Zeuge, jener Sporthilfslehrer. Der wiederholte dann klipp und klar, was er schon im Ermittlungsverfahren zu Protokoll gegeben hatte: Es bestehe kein Zweifel daran, daß die beiden geäußert hätten: „*Der Gauleiter Wagner hat auch einen olympischen Rekord …*“

Zu dieser Zeugenaussage durfte ich nun Fragen stellen: „Wer von den beiden hat diese Äußerung getan?“ Der Zeuge schaute die beiden genauer an, die ja nun keinen weißen Malermantel anhatten und kein besonders auffälliges Bild boten. Das könne er nicht sagen, aber fest stehe, daß die beiden unseren Gauleiter geschmäht hätten, das könne er beeiden. Er beeidete es auch.

Hier sah ich nun eine gewisse Chance für meine im übrigen ja aussichtslose Verteidigung. Nachdem der Staatsanwalt in einem Zweiminutenplädoyer zwei Jahre Gefängnis für jeden der beiden wegen „heimtückischer Angriffe auf eine hohe Persönlichkeit der NSDAP, zugleich Mitglied der bayerischen Staatsregierung" verlangt hatte, bekam ich das Wort erteilt.

In Erinnerung an das, was ich über die Methode juristischer Darlegungen gelernt hatte, fing ich mit dem „Sachverhalt" bei den Künstlerhausfesten an. Wie es dort im einzelnen zugegangen sei, wollte ich wissen.

Da passierte etwas, was wir uns in unserem demokratischen Rechtsstaat gar nicht mehr vorstellen können: Der rechte Beisitzer, Landgerichtsrat Michael Schwingenschlögl, unterbrach mich während meines Verteidigungsplädoyers. Ob er recht gehört habe, solle das vielleicht auf eine Art Wahrheitsbeweisantrag hinauslaufen, oder was sonst? Ich sei mir als Referendar doch wohl dessen bewußt, daß ich nicht meinerseits staatsabträgliche Äußerungen machen dürfe, auch nicht während einer Verteidigungsrede. (Über Schwingenschlögl werde ich im nächsten Kapitel einiges zu sagen haben.)

Es wäre natürlich sinnlos und geradezu Selbstmord gewesen, einen formellen Beweisantrag über die Verhältnisse bei NS-Festen im Künstlerhaus zu stellen. So bat ich, zu einem weiteren Punkt meiner Verteidigungsrede kommen zu dürfen.

Dieser Punkt betraf das Alternativproblem. Wenn nämlich nicht feststeht, welche von zwei Personen eine Tat begangen hat, kann keine von beiden verurteilt werden. Dann muß jeweils zugunsten der einen unterstellt (nicht festgestellt) werden, daß es die andere war. „Ich muß daher um Freispruch für beide Angeklagten bitten."

Nunmehr kam die Überraschung dieses nur scheinbar gewöhnlichen Falles: Das Gericht folgte meinem Argument, sprach beide frei und hob die Haftbefehle auf.

Vor der Tür aber warteten zwei SS-Leute mit Gewehr. Sie nahmen die Maler in die Mitte und gingen den Gerichtsgang entlang zum Aufzug. Meine freigesprochenen Mandanten konnten kein Wort mehr sagen, sie drehten sich nur noch einige Male hilfesuchend nach mir um. Ich habe von ihnen nie wieder etwas gehört.

Beim Pater-Rupert-Mayer-Prozeß

Ein besonderes Erlebnis war der Sondergerichtsprozeß gegen meinen Bundesbruder Jesuitenpater Rupert Mayer, den „Apostel Münchens“. Gauleiter Adolf Wagner hatte ihn im Juni 1937 verhaften lassen, weil er das Predigtverbot der Gestapo nicht befolgte. Die gefügige Justiz hat Anklage gegen ihn wegen „hetzerischer Äußerungen“ gegen Staat und Partei und „friedengefährdender Predigten“ erhoben. Der Pater hatte sich nämlich in gut besuchten Predigten bis zu dreißigmal im Monat immer wieder gegen die antireligiösen und antikirchlichen Maßnahmen der nationalsozialistischen Partei und des Hitlerregimes gewandt. Die Anklageschrift war unterschrieben von Oberstaatsanwalt Alfred Resch (den die bayerische Justiz dann nach dem Krieg ohne Zögern und ohne die geringsten Bedenken zum Präsidenten des Oberlandesgerichts München gemacht hat). In der öffentlichen Hauptverhandlung vertrat die Anklage Erster Staatsanwalt Ernst Großer (den die bayerische Justiz nach dem Krieg ebenfalls noch in hohe Ämter beförderte, zum Beispiel wurde er Präsident des Amtsgerichts München; der Deutsche Richterbund wählte Großer 1955 sogar zum Ersten Vorsitzenden).

Der Pater wurde nach zweitägiger Hauptverhandlung, die ich als Zuhörer mitstenografieren konnte, am 23. Juli

1937 zu sechs Monaten Gefängnis verurteilt. Da der Prozeß großes Aufsehen bei der Bevölkerung erregt hatte, konnte ihn die Presse nicht gut verschweigen. Die Münchner Neuesten Nachrichten brachten daher folgenden Bericht, der das Wesentliche, nämlich die Verteidigung des Paters, unterschlug und der als Beispiel der Nazi-Pressepolitik hier wörtlich wiedergegeben werden soll:

„*Die Verhandlung und ihr Ergebnis haben von neuem den Beweis geliefert, daß jeder, der als Friedensstörer die so schwer errungene Einheit des Volkes in Gefahr bringt, streng zur Rechenschaft gezogen wird, ohne Rücksicht darauf, ob und welche Verdienste er sich früher einmal erworben und welche Stellung er heute innehat. Sie hat aber auch gleich schlagkräftig eine Reihe der schwersten Vorwürfe, die in den Predigtäußerungen des Angeklagten enthalten waren, widerlegt, indem sie für jeden unbefangenen oder befangenen Hörer erwies, daß Recht und Gerechtigkeit bei den Gerichten des nationalsozialistischen Staates in guter Hut sind und daß der Kampf dieses Staates für den Schutz seiner höchsten Güter, aber nicht gegen einen einzelnen Stand oder gegen die Kirche als solche geführt wird.*“

Der Pater mußte im Januar 1938 die Strafe unter recht demütigenden Bedingungen in der Haftanstalt Landsberg absitzen; einige Tage wurde ihm durch eine allgemeine Amnestie erlassen. Beim Verlassen des Gefängnisses ließ er demonstrativ das Eiserne Kreuz Erster Klasse zurück, das er im Ersten Weltkrieg erhalten hatte.

Nach dem Krieg haben unerklärlicherweise weder die Familie Mayer noch die Jesuiten, noch das Erzbischöfliche Ordinariat, noch auch die Justiz selbst von der gesetzlich ausdrücklich eröffneten Möglichkeit Gebrauch gemacht, die Aufhebung dieses skandalösen Sondergerichtsurteils gegen Pater Rupert Mayer und dessen Rehabilitierung zu veranlassen.

Die drei Richter dieses Sondergerichts waren:

Landgerichtsdirektor Dr. Robert Wölzl. Seine Heirat mit einer Jüdin gab er nach dem Krieg als „Entschuldigung" dafür an, daß er besondere Nazi-Aktivität habe zeigen müssen. Er hat mir 1946 aus seiner Internierungshaft einen reumütig klingenden Brief geschrieben. Darin heißt es:

„Den bestehenden Haftbefehl hat das Gericht aufgehoben, trotz des mir bei einem mitternächtlichen ‚Besuch' in meiner Wohnung in der Nacht vor dem Verhandlungsbeginn persönlich ausgesprochenen gegenteiligen ‚Wunsches' des Gauleiters Adolf Wagner (der außerdem eine mehrjährige Gefängnisstrafe forderte).

Vor der geistigen Überlegenheit dieses seltenen Mannes beuge ich mich …"

„Während der Verhandlung gab es mehrere Monate, wo ich mir sagte: ‚Jetzt lege ich das Richteramt nieder.' Da hat mich aber der Gedanke an meine Familie zurückgehalten (eingehender möchte ich mich hier über die besonders begründete Besorgnis nicht auslassen), und ich bin heute froh darüber, denn ich hätte damit der Sache einen schlechten Dienst erwiesen …"

„Dieser Prozeß gegen den vorbehaltlos verehrungswürdigen Pater Rupert Mayer bietet ein Musterbeispiel für die Schwierigkeiten und Widersprüche, die die damalige Zeit in sich trug, ein Musterbeispiel für den Kampf des gefesselten Guten mit dem entfesselten Bösen."

Über den Beisitzer Dr. Ludwig Wachter habe ich keine weiteren Informationen eingeholt. Er schied am 8. Mai 1945, also am letzten Tag des Krieges, aus dem Justizdienst aus und starb, 52jährig, 1954.

Sonderrichter Michael Schwingenschlögl

Eine besonders widerliche und verachtenswerte Rolle spielte der Beisitzer Landgerichtsrat Michael Schwingenschlögl (geboren am 19. April 1898). Er hat die verlogene Urteilsbegründung formuliert, in der Pater Mayer als staatsfeindlicher Hetzer verleumdet wird. Er wurde später Vorsitzender des Sondergerichts und hat in dieser Eigenschaft eine Reihe verbrecherischer Urteile gefällt, zum Beispiel verurteilte er den 17jährigen Polen Boleslaw Buczkowski anläßlich einer unbedeutenden Streiterei mit einem Bauern „wegen Herabsetzung des Deutschtums" zum Tode und ließ ihn hinrichten. (Die letzten Briefe des Polen an seine Eltern liegen noch unbefördert im Bayerischen Staatsarchiv.) Der Gauleiter und Verteidigungskommissar Paul Giesler hatte besonderes Vertrauen zu Schwingenschlögl und ernannte ihn Ende des Krieges zum Vorsitzenden des Standgerichts in München. (Die bayerische Justiz hatte keine Bedenken, auch diesen charakterschwachen Menschen nach dem Krieg als Staatsanwalt und dann als Landgerichtsrat wieder in Dienst zu nehmen.)

Als ich anläßlich der Seligsprechung des Paters Rupert Mayer im Mai 1987 im Bayerischen Fernsehen über den Sondergerichtsprozeß gegen ihn zu berichten hatte und dabei auch die Rolle des NS-Sonderrichters Schwingenschlögl schilderte, schrieb mir dessen Witwe Elisabeth einen Brief, sie werde gerichtlich gegen mich vorgehen, wenn ich die Richtertätigkeit ihres Mannes im Zusammenhang mit Sondergerichtsprozessen noch einmal öffentlich kritisierte. Frau Schwingenschlögl konnte hierzulande einen solchen Brief an mich risikolos schreiben, da sie ja der nicht geringen Witwenpension sicher sein konnte, die ihr Mann ihr mit seinen ungerechten Strafurteilen erdient hatte.

Sondergerichts-Staatsanwalt Ernst Großer, der die Anklagerede gegen Pater Mayer gehalten hatte, hat sich bemüht, mich von einer Veröffentlichung des Sondergerichtsprozesses gegen Pater Rupert Mayer abzuhalten; er hat mich in meiner Wohnung besucht und den nachdrücklichen Wunsch geäußert, ich möchte nichts darüber berichten.

Solchen Wünschen wollte ich nicht nachkommen. Ich habe den Pater-Rupert-Mayer-Prozeß als Augen- und Ohrenzeuge miterlebt und meine Aufzeichnungen nebst Kommentar in meinem Buch *„Ich predige weiter, Pater Rupert Mayer und das Dritte Reich"* im Rosenheimer Verlagshaus anläßlich der Seligsprechung des Paters 1987 publiziert.

Noch einige politische Prozesse

Ich habe noch weitere politische Prozesse als Zuhörer verfolgt.

Einmal stand ein Ernster Bibelforscher vor dem Strafsenat des Oberlandesgerichts München, weil er den Kriegsdienst verweigerte. Der Präsident des Senates rügte den Angeklagten, weil er eine so heitere Gelassenheit an den Tag legte: *„Sie brauchen gar nicht zu lachen. Wenn wir Sie zum Tode verurteilen, sind Sie heute nachmittag um 3 Uhr in Stadelheim hingerichtet."* Nach diesem schrecklichen Satz trat der Bibelforscher von der Anklagebank herüber an den Richtertisch und antwortete mit lauter Stimme: *„Meine Herren, dann stehe ich endlich vor einem gerechten Richter."* Der tapfere Verweigerer wurde zum Tode verurteilt und, soviel ich erfahren konnte, am Nachmittag desselben Tages in Stadelheim hingerichtet.

Über einen dritten politischen Prozeß, den ich als Zuhörer verfolgen konnte, möchte ich noch berichten: das Volksgerichtshofverfahren gegen Mitglieder der Weißen Rose. Die Geschwister Hans und Sophie Scholl waren bei einer Flugblattverteilung in der Universität München am 18. Februar 1943 verhaftet und wenige Tage darauf vom

Volksgerichtshof unter Vorsitz Roland Freislers zum Tode verurteilt und hingerichtet worden. Gegen weitere vierzehn Weiße-Rose-Mitglieder verhandelte Freislers Bluttribunal am 19. April 1943 in jenem Sitzungssaal 211 im Münchner Justizpalast. Die arrogante und zynische Verhandlungsführung Freislers werden meine Frau und ich nie vergessen. Zum Tode verurteilt wurden: Professor Kurt Huber, die Studenten Wilhelm Graf und Alexander Schmorell. Andere Angeklagte kamen besser weg; sie wurden nur zu hohen Freiheitsstrafen verurteilt. Die 27jährige Katharina Schüddekopf aus Magdeburg zum Beispiel bekam „nur" ein Jahr Gefängnis, weil sie hochverräterische Postsendungen, ohne zu wissen, was sie enthielten, gefälligerweise zum Briefkasten gebracht hatte. Vor einigen Jahren besuchte mich die inzwischen ins Ruhestandsalter gekommene Frau Schüddekopf wegen Rentenrechtsfragen. Ich benutzte diese höchst unerwartete Begegnung, um ihr zu sagen, daß ich damals ihren Prozeß mit angehört habe und nun wissen möchte, wie das mit den in den Briefkasten geworfenen Sendungen wirklich war. Sie sagte mir unumwunden, daß sie natürlich gewußt habe, daß in diesen Briefen Flugblätter versandt wurden, daß aber keiner der Weiße-Rose-Leute sie verraten habe.

Problematische Promotion

Im Sommer 1937 hat mich Strafrechtsprofessor Edmund Mezger als Promotionskandidat angenommen. Thema: *„Die Bedeutung der entsprechenden Anwendung der Strafgesetze und der sogenannten Wahlfeststellung für die vermögensrechtlichen Tatbestände des Strafgesetzbuchs für das Deutsche Reich."* Es war die Untersuchung zweier neuer Paragraphen, die die Nazis 1935 ins Strafgesetzbuch eingefügt hatten.

Der eine führte die sogenannte Wahlfeststellung ein;

sie ermöglichte eine Bestrafung auch dann, wenn jemand gegen eines von mehreren Strafgesetzen verstoßen hatte, sich aber nicht klären ließ, gegen welches, weil eine „Tatfeststellung nur wahlweise möglich ist". Beispiel: Ein Arzt injiziert einer Frau, die in Wirklichkeit nicht schwanger ist, ein Abtreibungsmittel. Es läßt sich nicht feststellen, ob er sie irrtümlich für schwanger hielt (Abtreibungsversuch), oder ob er nur durch Verkauf des in diesem Fall unwirksamen Mittels sich bereichern wollte (Betrug). Er wird „wahlweise" verurteilt.

Problematisch war die zweite Neuerung, nämlich die Beseitigung des strafrechtlichen Analogieverbotes. Das bedeutete praktisch, daß eine „Tat" auch dann bestraft werden mußte, wenn sie nicht genau nach dem Wortlaut des Gesetzes strafbar war, sondern nur nach dem „Grundgedanken eines Strafgesetzes" und nach dem „gesunden Volksempfinden" „Bestrafung verdient". Die Beseitigung des strafrechtlichen Analogieverbots mußte eine bedenkliche Rechtsunsicherheit zur Folge haben, weil in einem geordneten Staat der Bürger, bevor er sich zu einem bestimmten Verhalten entschließt, klar erkennen können muß, ob sein Tun oder Unterlassen strafbar ist.

Eine besondere Schwierigkeit mußte natürlich der höchst unscharfe Begriff *„gesundes Volksempfinden"* bringen; nur wer dieses „gesunde Volksempfinden" verletzte, sollte wegen Zuwiderhandlung gegen den Grundgedanken eines Strafgesetzes bestraft werden können. Wer soll aber darüber entscheiden, ob ein Volksempfinden gesund ist? Zu diesem Problem hatte ich die etwas provokatorische Frage in den Text meiner Arbeit eingefügt: *„War das ‚crucifige', mit dem das emotional aufgeheizte Volk seinerzeit am ersten Karfreitag die Hinrichtung des unschuldigen Juden Jesus Christus erzwang, ein ‚gesundes Volksempfinden'?"* Ich war auf diese Frage recht stolz, habe sie aber auf den dringenden Rat meines

Doktorvaters Professor Mezger gestrichen, um die Nazi-Zensoren nicht zu sehr zu ärgern.

Im Sommer 1945 bekam ich überraschenden Besuch von meinem Doktorvater Mezger in meinem Behelfsbüro in Laim. Er bat um einen „Persilschein“ (so nannte man damals die Zeugnisse über nichtnazistisches Verhalten während der Nazizeit). Er habe meine Kritik an der NS-Gesetzgebung in meiner Dissertation sehr wohl bemerkt und mir dennoch ein „sehr gut“ dafür gegeben. Sieben Jahre nach meiner Promotion erinnerte er sich noch daran! Die erbetene Bestätigung gab ich ihm gern.

Besuch im Konzentrationslager Dachau

Als Nachwuchsjuristen hatten wir mit unseren Arbeitsgemeinschaften auch einige einschlägige Institutionen zu besuchen, das Gefängnis in Stadelheim natürlich und das Kreiskrankenhaus für psychisch Gestörte in Haar. Was man in Haar an kranken, abartigen, unglücklichen und bösen Menschen zu sehen bekam, stimmte mich ungemein traurig, und ich war dankbar, daß ich jeden Tag gesund aufwachte und einer normalen Tagesarbeit nachgehen konnte.

Zu den Einrichtungen, die man uns ausbildungshalber zeigte, gehörte überraschenderweise auch das Konzentrationslager in Dachau. 1938 konnten, beziehungsweise mußten wir diese bedrückende Besichtigung mitmachen. Wir durften natürlich mit niemandem sprechen. Der KZ-Kommandant, SS-Oberführer Hans Loritz, führte uns persönlich durch die Baracken und durch das Gelände, in die Küche zum Beispiel, wo sich, wie er uns erklärte, jeder Wurst, Brot und Milch kaufen konnte. Überhaupt sei alles hier bestens geregelt.

Als ein Zug schrecklich abgemagerter Gefangener ängstlich an uns vorbeizog, erklärte uns der Kommandant, was die Farben an den Häftlingskleidern bedeuteten. Jeder hatte ja an der Jacke einen farbigen dreieckigen Stoffetzen aufgenäht und entlang den Hosen farbige Streifen. Rote Streifen hatten die Politischen, die Grünen waren die Kriminellen, die Juden hatten einen gelben Winkel und gelbe Streifen, die Homosexuellen rosafarbene und die Bibelforscher blaue. Letztere seien, so erklärte uns der Kommandant, besonders harmlos. Sie arbeiteten hier mit Pickel und Schaufel vor sich hin und bereiteten keinerlei Schwierigkeiten. Sie bräuchten nur ihren Wehrpaß zu unterschreiben, dann würden sie sofort wieder in die Freiheit entlassen.

Der an militärische Schikanen erinnernde Bettenbau in den Baracken war natürlich bestens. In den Judenbaracken durften die Fenster nicht geöffnet werden, denn für Juden sei die stinkige Luft gerade das Richtige. Irgendwelche Schikanen, Folterungen, Arrestzellen, Galgen, Erschießungsplätze und so weiter bekamen wir nicht zu Gesicht. Am elektrisch geladenen Zaun gingen junge SS-Leute mit umgehängtem Gewehr auf und ab.

Man konnte natürlich auch keine Fragen über Grund und Dauer der Verhaftung und schon gar nicht über etwaige Rechtsmittel gegen Schutzhaftbefehle stellen. Dabei wußte jeder, daß hier Leute ohne Gerichtsurteil und ohne jede Verteidigungsmöglichkeit auf unbestimmte Dauer schikaniert und gefoltert wurden, und daß viele diese höllische Haft nicht überlebten. Ich habe mir die Zahl der Baracken gemerkt und aus den Einzelheiten, die ich sonst noch beobachten konnte, einen Bericht zusammengestellt, den ich einem Jesuitenpater gab, der ihn nach Rom in ein vatikanisches Büro brachte.

Referendarlager Jüterbog

Zu den obligatorischen Ausbildungsstationen gehörte auch ein achtwöchiges Referendarlager im preußischen

Jüterbog. Das war ein gut und teuer eingerichtetes Mitteldiug zwischen juristischer Arbeitsgemeinschaft und vormilitärischer Ausbildung. Von erfahrenen Sportlehrern veranstaltete Sportstunden wechselten mit speziellen und allgemeinen Schulungsvorträgen ab. Wir bekamen sogar Boxunterricht. Ich habe dabei am eigenen Leib erfahren, wie schnell einem die Luft ausgeht, wenn man eine Minute lang mit einem etwa Gleichgewichtigen im Ring boxen muß.

Die weltanschaulichen Vorträge waren fürchterlich dumm und langweilig. Kein Wunder, daß die Referendare sich nicht zum Beifallklatschen animieren ließen, wenn der Schulungsheini von arischer Auslese, deutscher Tüchtigkeit und deutscher Weltgeltung schwärmte. Dieses hörbare Ausbleiben von Akklamationen irritierte den beifallsgewohnten Parteiredner ganz erheblich.

Da man uns für eine besonders qualifizierte Zuhörerschaft hielt, führte man uns etwas vor, was sonst vertraulich und geheim war, nämlich Schallplattenaufnahmen von Reichstagssitzungen der Weimarer Zeit. Da stritt der redegewandte Kommunist Torgler mit dem „Frontkämpfer" Goebbels, und ein Abgeordneter namens Asch antwortete auf die blöde Frage eines nationalsozialistischen Abgeordneten, wo dieser denn sein „r" hingebracht habe, daß er dieses „r" dem Nazi-Abgeordneten Frick gegeben habe, damit dieser auch einen anständigen Namen habe.

Der Kommandant des Lagers war ein NS-Bonze mit Oberlandesgerichtspräsidenten-Gehalt, der den Blutorden dafür bekommen hatte, daß er zum Hitler-Putsch im November 1923 mit einem Geigenkasten angereist kam, in dem ein zerlegtes Gewehr versteckt war.

Komischerweise bekam ich, obwohl man ja merken mußte, daß ich kein Nazi war, vom Lager-Kapo ein recht gutes Zeugnis: „*... ist ein kluger, vielseitig interessierter Mensch von starker Eigenart und kritischer Einstellung.*

Seiner Meinung gibt er in offenherziger und mutiger Weise Ausdruck ... Am Sport nahm er mit regem Interesse teil. Er zeigte wiederholt Mut und Einsatzbereitschaft ... Er hat ein gediegenes Wissen und ein sicheres Urteil. Mit seinem Vortrag ‚Robespierre' wußte er die Hörer zu fesseln. Der Vortrag war eine ansprechende Leistung."

Ein gefährliches Wort von Hans Ehard

Anfang 1938 kam ich zu meiner letzten Ausbildungsstation, zum Oberlandesgericht München, und wurde dem 5. Zivilsenat zugeteilt. Präsident des Senats war Hans Ehard, der nachmalige Ministerpräsident des Freistaates Bayern und seinerzeit Zweite Staatsanwalt im Hochverratsprozeß gegen Adolf Hitler im Frühjahr 1924.

Als ich mich bei Ehard vorstellte, habe ich etwas vorlaut den Hinweis gewagt, daß der Herr Präsident ja Staatsanwalt im Hitler-Prozeß gewesen sei, und daß dadurch wohl allerhand historische Erkenntnisse gewonnen worden seien. Nun antwortete Ehard, der ein vorsichtiger und kluger Franke war, mit einem höchst unwahrscheinlichen Satz, den ich natürlich für mich behielt und erst nach dem Krieg bekundete: „*Ja, wissen Sie, Herr Kollege, ich habe die Angeklagten natürlich gut in Erinnerung. Mit solchen Leuten kann man nicht reden!*"

Alfred Rosenbergs „Mythus des XX. Jahrhunderts" in der Großen Juristischen Staatsprüfung

Nach knapp drei Referendarjahren konnte ich im Frühjahr 1939 mit 25 Jahren gerade noch rechtzeitig vor Hitlers Angriffskrieg in die Große Juristische Staatsprüfung gehen.

Von den Klausuren, die man da zu schreiben hatte, war eine die „Märchenklausur". Man bekam drei „allgemeine“ Themen zur Auswahl und sollte binnen vier Stunden einen Aufsatz über das gewählte Thema schreiben. Ich hatte gewählt: *„Die Ergebnisse der Erb- und Rassenforschung und ihre Auswirkung in den Gesetzen und Maßnahmen des Dritten Reiches“*. Dieses Thema kam mir sehr gelegen, denn ich gehöre zu den wenigen, die nicht nur Alfred Rosenbergs anmaßendes und mit Fehlern gespicktes Buch „Der Mythus des XX. Jahrhunderts“ von der ersten bis zur letzten Seite gelesen haben, sondern auch die umfangreichen „Studien zum Mythus des XX. Jahrhunderts“, die Bischof Clemens August von Galen schon 1934 anonym als Beilage seines kirchlichen Amtsblattes verbreiten ließ, und das erfrischend kritische Heftchen „Der neue Mythus und der alte Glaube“ von Pater Anton Koch SJ.

Rosenberg war einer der ersten Mitarbeiter Hitlers; sein Buch galt als eine Art NS-Bibel, denn dort waren die sogenannten weltanschaulichen Grundsätze des Nationalsozialismus, vor allem dessen Rassentheorie, niedergelegt. Der „Mythus“ war eine Art Pflichtlektüre für Parteiredner und bei Schulungsveranstaltungen.

So habe ich einen etwa 16 Folioseiten umfassenden Prüfungsaufsatz geschrieben, in dem ich das Abwegige, Unrichtige und Widerspruchsvolle dieser „Rassenlehre“ darstellte. Leider habe ich den Aufsatz nie mehr zu Gesicht bekommen; vielleicht haben ihn die Russen bei der Eroberung des Archivs des Reichsjustizministeriums in der Berliner Wilhelmstraße mitgenommen. Im Bundesarchiv in Koblenz habe ich ihn nicht gefunden. Einige Sätze weiß ich noch. In der Einleitung fing ich leitartikelartig an:

> *„Jede Zeit hat ihren Gott: bei den Griechen war es Pan, dann kam zwei Jahrtausende lang Christus; der Gott unserer Tage und der nächsten Jahrhunderte soll ‚Rasse‘ heißen. Was das genau ist, weiß niemand so*

recht zu sagen. Rosenbergs ‚Mythus des XX. Jahrhunderts' wird als eine Art Katechismus dafür angesehen. Dieses Werk ist aber lediglich ein schlechter, mißverstandener Aufguß des ‚Essai sur l'inégalité des races humaines' des Atheisten Gobineau und der ‚Grundlagen des 19. Jahrhunderts' von Houston Stewart Chamberlain."

Besonders gut waren mir die vielen unrichtigen Namen und Geschichtszahlen des Rosenbergschen Machwerkes in Erinnerung geblieben; sie stellte ich natürlich geradezu genüßlich möglichst ausführlich dar: Origenes († 253), den bedeutendsten Lehrer der frühen griechischen Kirche, verwechselt Rosenberg mit dem „Eunuchen Eusebius", meint aber (ebenfalls unzutreffend) den Vater der Kirchengeschichte Eusebius von Caesarea († um 339). Das Dogma der unbefleckten Empfängnis verwechselt er mit der Jungfrauengeburt Marias. Und aus der Kirchenrechtsgeschichte hatte ich immerhin so viel behalten, daß ich Rosenbergs absonderliche Behauptung, das Decretum Gratiani (eine kirchenrechtliche Dekretaliensammlung des Mönches Gratian aus dem 12. Jahrhundert) stamme vom römischen Kaiser Gratian († 383), als blamable Fehlleistung bezeichnen konnte.

Der Internationale Militärgerichtshof in Nürnberg verurteilte Rosenberg im Herbst 1946 übrigens zum Tode und ließ ihn durch den Strick hinrichten, aber nicht wegen seines „Mythus", sondern wegen seiner Judenmorde als „Reichsminister für die besetzten Ostgebiete" und Miturheber des Rassenhasses.

Zum Schluß bemühte ich noch Johann Wolfgang von Goethe, der ja auch jüdische Vorfahren hatte und dessen von Menschenhand künstlich erzeugter Homunculus im zweiten Teil des Faust jämmerlich im Ägäischen Meer an Galatheas Muschelthron zerschellt. Auch vergaß ich nicht, Friedrich Hölderlins „Heilig Herz der Völker" zu zitieren, so nannte der Dichter nämlich das deutsche Vaterland, das gerade von den befruchteten Spannungen zwischen seinen verschiedenen Rassen Kraft und Glanz seiner weltweiten Kultur bezogen habe.

Heute schiene es mir unnötig und gewagt, einen solchen Aufsatz für ein NS-Reichsjustizprüfungsamt zu schreiben, weil man ja nicht wissen konnte, wer ihn als Korrektor in die Hand bekam. Mit einer Zurückweisung der Arbeit oder gar mit einem Ausschluß von der Prüfung wegen weltanschaulicher Unzuverlässigkeit mußte man damals durchaus rechnen.

Ich hatte aber wieder Glück: Der Prüfungsvorsitzende, Kammergerichtsrat Ulrich Hoche, stufte die Arbeit als die beste von allen ein. Auch er kam übrigens nach dem Krieg zu mir, um ebenfalls (wie Professor Mezger) einen „Persilschein“ zu erbitten, den ich ihm gerne gab.

Mein Korrektor erinnert sich nach sechs Jahren an meine Anti-Rosenberg-Klausur

Und wie der Zufall so spielt: Korrektor meines Prüfungsaufsatzes war, wie ich erst nach dem Krieg erfuhr, Dr. Friedrich Welsch, der nach 1945 Präsident des Oberlandesgerichts München und Präsident des Bayerischen Verfassungsgerichtshofes wurde. Ich bat ihn, mir diese Examensgeschichte zu bestätigen, denn sie sei so unwahrscheinlich, daß ich nicht bei jedem Leser meiner vielleicht einmal zu schreibenden Memoiren ohne weiteres Glauben zu finden hoffen könne.

Die wichtigsten Sätze aus Welschens Antwortbrief vom 2. Juli 1947:

> *„Unter den schriftlichen Aufgaben, die Herr Gritschneder zu fertigen und ich zu korrigieren hatte, befand sich eine geschichtlich-weltanschauliche Auf-*

gabe, deren Titel mir nicht mehr bekannt ist. Bei Ausarbeitung dieser Aufgabe hat Herr Gritschneder sich mit Rosenbergs ‚Mythus des 20. Jahrhunderts' kritisch auseinandergesetzt, Auffassungen Rosenbergs bekämpft und Rosenberg einen historischen Fehler nachgewiesen.

Diese Lösung ist mir wegen ihrer Offenheit und Freimütigkeit in wohltuender Weise gegenüber den sonst meist üblichen Bearbeitungen ähnlicher Themen aufgefallen und im Gedächtnis geblieben; ich habe die Arbeit mit gut oder lobenswert begutachtet. Der Vorsitzende des Prüfungsausschusses (Kammergerichtrat Dr. Hoche) *hat bei der Besprechung der Aufgabe ebenfalls das mutige Eintreten Gritschneders für seine Überzeugung lobend hervorgehoben und die Arbeit mit lobenswert bewertet."*

„Fachlich geeignet, politisch unzuverlässig"

Eines der gängigsten Bonmots während der Hitlerdiktatur war so gut, daß man seinetwegen zum Tode verurteilt werden konnte:

Intelligent, ehrlich und nationalsozialistisch sind nie zusammen anzutreffen. Ein Nazi, der intelligent ist, kann nicht ehrlich sein, und wer intelligent und ehrlich ist, kann kein Nazi sein, und wer ehrlich und ein Nazi ist, kann nicht intelligent sein.

Nach diesem Muster sind die dienstlichen und politischen Beurteilungen gestrickt, die Partei und Staat über mich abgaben, als ich nach der Großen Juristischen Staatsprüfung im Sommer 1939 meine Zulassung in den anwaltschaftlichen Probedienst, so hieß es damals, beantragte. Der Hochmut und die Dummheit der damaligen Funktionäre von Staat und Partei waren so vollendet und eindrucksvoll, daß ich sie hier auszugsweise dokumentieren möchte.

Das allerabsonderlichste und widerspruchsvollste Zeugnis ist die zusammenfassende Würdigung, die das Oberlandesgericht München (Vizepräsident Karl Castner) am 25. Juli 1939 anläßlich der Beendigung meiner Referendarzeit über mich ausgestellt hat. Hier der Wortlaut dieses blamablen Dokuments:

> *„Der Assessor verfügt über eine sehr gute Allgemeinbildung und ein umfangreiches Fachwissen. Im Vorbereitungsdienst hat er stets besonderen Eifer und ein erfreuliches Fortbildungsstreben gezeigt. Seine überwiegend mit ‚Gut' bewerteten Leistungen in den einzelnen Ausbildungsabschnitten sind um so beachtlicher, als ihn seine wirtschaftlichen Verhältnisse zu entgeltlicher Nebenbeschäftigung zwangen. In den schriftlichen Arbeiten hat der Assessor gesundes Rechtsempfinden, urteilsreife und gründliche Arbeitsweise bewiesen. Sein Vortrag ist fließend, gediegen und klar.*
>
> *Der Bewerber wird in den Akten als pflichtbewußter, aufrichtiger und gefestigter Charakter geschildert. Sein Auftreten wird als höflich und zuvorkommend gelobt. Persönlich macht Gritschneder einen recht guten Eindruck."*

Zwischenbemerkung meinerseits:

Insoweit will ich dem Herrn Oberlandesgerichts-Vizepräsidenten natürlich nicht widersprechen. Woher der hohe Herr aber das alles wissen wollte, bleibt doch wohl sein ängstlich gehütetes Geheimnis. Ich habe ihn nur wenige Male persönlich gesprochen. Einmal, als ich wegen meiner Anwaltszulassung bei ihm vorsprach, sagte er mir: *„Ja, wissen Sie, Herr Kollege, wenn Sie zu den Pfaffen nicht nur in die Kirche gehen, sondern auch noch in den Gerichtssaal, dann kann ich Ihnen auch nicht helfen!"*

Das bezog sich auf meine Anwesenheit beim Pater-Rupert-Mayer-Sondergerichts-Prozeß, die in meinen Personalakten übel vermerkt war.

Wenn diese Lobessprüche alle stimmten, dann hätte der Staat eigentlich froh sein müssen, einen solchen Rechtswahrer für sich zu gewinnen. Erstaunlicherweise fährt aber das Zeugnis – und das erinnert an das oben (S. 71) erwähnte Bonmot – folgendermaßen fort:

> „*Trotz seiner fachlichen Eignung vermag ich das Gesuch des Assessors nicht zu befürworten, da seine politische Haltung nicht einwandfrei ist. Wenn schon sein Eintritt in die Bayerische Volkspartei im März 1933 nur aus einer gegnerischen Einstellung gegen die NSDAP erklärt werden kann, so beweisen die in dem Schreiben der Gauleitung vom 17. Juli 1939 dargelegten Einzelheiten eindeutig, daß er dem Nationalsozialismus ablehnend gegenübersteht.*
>
> *Ich schlage daher in Übereinstimmung mit dem Gauführer des NSRB [Nationalsozialistischen Rechtswahrer-Bundes] und dem Präsidenten der RAK [Rechtsanwaltskammer] vor, dem Übernahmeantrag nicht zu entsprechen.*“

Dieses „Zeugnis“ ist ein Beweis für die beschämende Abhängigkeit der NS-Justiz von der Hitler-Partei. Der Oberlandesgerichtspräsident gibt die Antwort auf mein Zulassungsgesuch nicht gemäß seinem Urteil, sondern richtet sich nach den NS-Partei-Funktionären!

Hier hatte die Nazi-Partei recht

Das Schreiben der nationalsozialistischen Gauleitung vom 17. Juli 1939 (Gauhauptstellenleiter Best), das meiner obigen Beurteilung durch das Oberlandesgericht zugrunde liegt, wird zwar als „streng vertraulich“ bezeichnet, dennoch möchte ich die wichtigsten Passagen daraus zitieren:

„Der Angefragte war vor der Machtübernahme bis zur Auflösung Mitglied der BVP. [In Wirklichkeit bin ich Ende März 1933, also nach der „Machtergreifung", der Bayerischen Volkspartei beigetreten.] *Gritschneder (sic!) ist bis jetzt nicht Parteigenosse ... Statt dessen ist er wegen seines im Grunde genommen gänzlich staatsabträglichen Wesens wiederholt aufgefallen. Dieses begann mit seinem Hervortreten am 21.3.1933 während einer Schulfeier am Wittelsbachergymnasium, dem er damals noch als Schüler angehörte. Bei dieser Feier protestierte eine Reihe von Schülern gegen das Absingen des Horst-Wessel-Liedes und verstieg sich sogar zu Schmähungen gegen den Führer. Als Student hat sich G. zu einem der heftigsten Gegner des NSDSTB [Nationalsozialistischen Deutschen Studenten-Bundes] und zum Wortführer der klerikalen Opposition an der Hochschule entwickelt. Nach Auskunft der Gestapo machte er sich nochmals als Gegner des Nationalsozialismus bei der Gerichtsverhandlung gegen den bekannten Jesuiten-Pater Rupert Mayer bemerkbar. Er machte zusammen mit seinem Freund* [Hermann Mößmer, mein Mitschüler und Bundesbruder] *im Zuhörerraum fotografische Aufnahmen des Paters. Er händigte dann den Zuhörern seine Adresse aus, damit sie später von ihm Bilder bestellen konnten. Er versuchte auch, nach der Verhandlung an Mayer heranzukommen und ließ erst davon ab, als er von den Polizeibeamten weggewiesen wurde. Dies trug sich also noch im Jahre 1937 zu.*

Darüber hinaus ist G. nicht mehr in einer Weise aufgetreten, daß ihm bestimmte Tatsachen einer staatsfeindlichen Haltung zum Vorwurf gemacht werden könnten. Trotzdem ist er im Kreise seiner Berufskameraden als vollkommen klerikal und jesuitisch bekannt, besonders wegen seiner Art, sich zu den politischen Geschehnissen zu äußern. In letzter Zeit scheint G. überhaupt vorsichtiger geworden zu sein, da er sich vielleicht mit der Absicht trug, in die Partei Eingang zu suchen. Das charakterliche Bild entspricht dem politischen in jeder Weise. Er ist unaufrichtig, jesuitisch durchtrieben und ein Streber, zusammengefaßt ein Typ, der einem Nationalsozialisten von Grund auf zuwider ist.

Sein Wesen äußert sich auch in der überspitzten formaljuristischen Auffassung, mit der er seinen Beruf ausübt. Auch damit hat er wiederholt das Mißfallen seiner Berufskameraden erregt. Es wäre sehr zu bedauern, wenn es G. gelänge, als Beamter übernommen zu werden oder überhaupt an eine Stelle zu gelangen, an der er eine geistige Einflußnahme ausüben kann.

Aufgrund dieser Tatsachen muß die Gauleitung München-Oberbayern den Obengenannten als politisch unzuverlässig erklären und hält ihn für eine Übernahme in den öffentlichen Dienst als nicht geeignet."

Der Präsident der Rechtsanwaltskammer (i.V. Dr. Karl Thielo), auf den sich der Oberlandesgerichtspräsident in der obigen Beurteilung ebenfalls beruft, hatte sich schon am 7. Juli 1939 dahin geäußert, daß er „*sehr große Bedenken*" habe, „*ob der Gesuchsteller jemals sich positiv zum Nationalsozialismus einstellen wird*".

„*Es kann zur Zeit nicht verantwortet werden, einen Assessor mit einer solchen politischen Einstellung insbesondere in den anwaltlichen Probedienst zu übernehmen. Er mag erst einmal durch erhöhte politische Tätigkeit den nationalsozialistischen Geist und Sinn nachweisen, daß er seine politische Ansicht von früher grundlegend geändert hat.*"

Der Nationalsozialistische Rechtswahrerbund (Gauführer Christophel) hatte schon Ende Juni 1939 dem

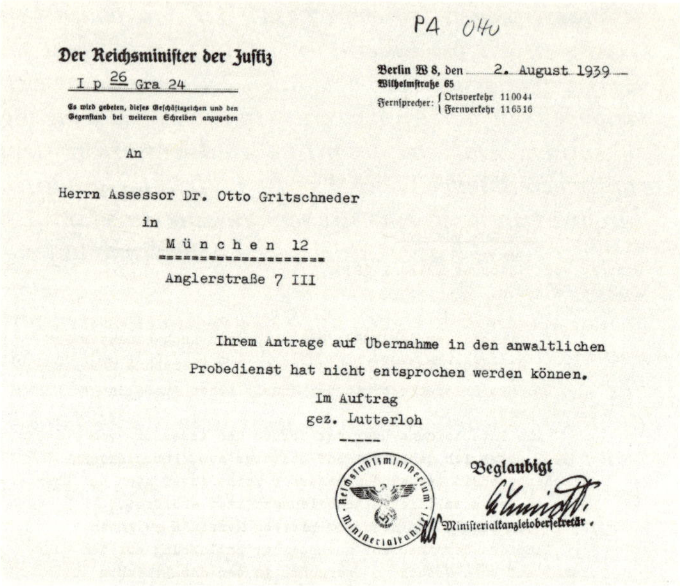

PA 040

Der Reichsminister der Justiz

I p 26 Gra 24

Es wird gebeten, dieses Geschäftszeichen und den Gegenstand bei weiteren Schreiben anzugeben

Berlin W 8, den 2. August 1939
Wilhelmstraße 65
Fernsprecher: Ortsverkehr 110044
Fernverkehr 116516

An

Herrn Assessor Dr. Otto Gritschneder

in

München 12

Anglerstraße 7 III

Ihrem Antrage auf Übernahme in den anwaltlichen Probedienst hat nicht entsprochen werden können.

Im Auftrag
gez. Lutterloh

Reichsjustizministerium Ministerialkanzlei

Beglaubigt

Ministerialkanzleiobersekretär.

Abb. 7: Als politisch unzuverlässig wurde Otto Gritschneder trotz guter Examina vom Reichsjustizministerium nicht als Anwaltsassessor angenommen.

Oberlandesgerichtspräsidenten über mich berichtet: „*Er scheint zwar fachlich geeignet, politisch jedoch derart unzuverlässig zu sein, daß das Gesuch abgelehnt werden sollte.*"

Die Folge dieser übereinstimmenden Beurteilungen konnte natürlich nur sein, daß mein Gesuch um Zulassung zum anwaltlichen Probedienst vom Reichsminister der Justiz (i. A. Lutterloh) mit Schreiben vom 2. August 1939 abgelehnt wurde: „*Ihrem Antrag auf Übernahme in den anwaltlichen Probedienst hat nicht entsprochen werden können.*"

Derselbe Reichsjustizministerialbeamte, Herr Lutterloh, hat in meiner Zulassungssache dann am 12. März

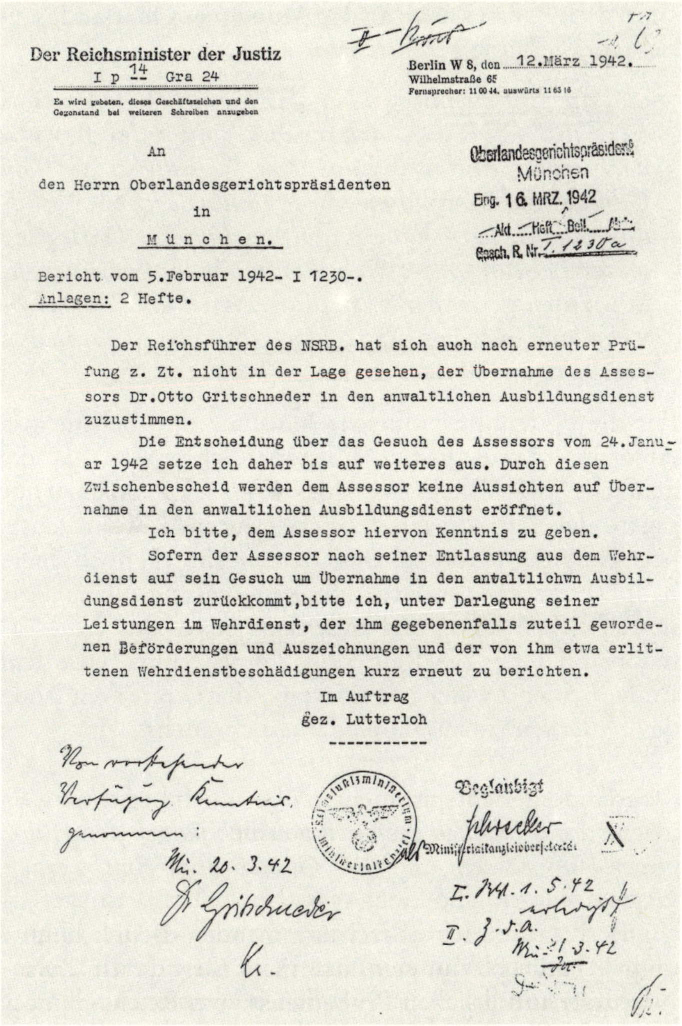

Der Reichsminister der Justiz
I p 14 Gra 24

Es wird gebeten, dieses Geschäftszeichen und den Gegenstand bei weiteren Schreiben anzugeben

Berlin W 8, den 12.März 1942.
Wilhelmstraße 65
Fernsprecher: 11 00 44, auswärts 11 65 16

An

den Herrn Oberlandesgerichtspräsidenten
in
München.

Oberlandesgerichtspräsident München
Eing. 16. MRZ. 1942
Gesch. R. Nr. I 1230 a

Bericht vom 5.Februar 1942- I 1230-.
Anlagen: 2 Hefte.

Der Reichsführer des NSRB. hat sich auch nach erneuter Prüfung z. Zt. nicht in der Lage gesehen, der Übernahme des Assessors Dr.Otto Gritschneder in den anwaltlichen Ausbildungsdienst zuzustimmen.

Die Entscheidung über das Gesuch des Assessors vom 24.Januar 1942 setze ich daher bis auf weiteres aus. Durch diesen Zwischenbescheid werden dem Assessor keine Aussichten auf Übernahme in den anwaltlichen Ausbildungsdienst eröffnet.

Ich bitte, dem Assessor hiervon Kenntnis zu geben.

Sofern der Assessor nach seiner Entlassung aus dem Wehrdienst auf sein Gesuch um Übernahme in den antaltlichwn Ausbildungsdienst zurückkommt,bitte ich, unter Darlegung seiner Leistungen im Wehrdienst, der ihm gegebenenfalls zuteil gewordenen Beförderungen und Auszeichnungen und der von ihm etwa erlittenen Wehrdienstbeschädigungen kurz erneut zu berichten.

Im Auftrag
gez. Lutterloh

Von vorstehender Verfügung Kenntnis genommen:
Mü. 20. 3. 42
Dr Gritschneider

Beglaubigt
Ministerialkanzleiobersekretär

Abb. 8: 1942: Otto Gritschneder sollte sich nach dem Krieg wieder beim Reichsminister der Justiz melden.

1942 allen Ernstes noch an den Münchner Oberlandesgerichtspräsidenten geschrieben:

> *„... die Entscheidung über das Gesuch des Assessors setze ich ... bis auf weiteres aus. Sofern der Assessor nach seiner Entlassung aus dem Wehrdienst auf sein Gesuch um Übernahme in den anwaltlichen Ausbildungsdienst zurückkommt, bitte ich, unter Darlegung seiner Leistungen im Wehrdienst, der ihm gegebenenfalls zuteil gewordenen Beförderungen und Auszeichnung und der von ihm etwa erlittenen Wehrdienstbeschädigungen kurz erneut zu berichten."*

Für die bodenlose politische Ignoranz und beispiellose Arroganz dieses Justiz-Ministerial-Schreibens hat die deutsche Sprache kein passendes Wort. Ich kann dazu nur sagen, daß ich von einer „etwa erlittenen Wehrdienstbeschädigung" Gott sei Dank weder „kurz" noch überhaupt berichten konnte. Ich kam gesund über diese schrecklichen Jahre, und außerdem gab es den Adressaten, nämlich das NS-Reichsjustizministerium, nach dem Ende meiner Zwangsrekrutierung, die ja mit dem Ende des Hitlerkrieges zusammenfällt, nicht mehr.

Assessor beim Blutordensträger

Nun zurück zum Sommer 1939: Nach dem Berufsverbot aus Berlin stand ich einigermaßen ratlos da. Ich konnte zwar bei meiner Mutter wohnen und hatte durch Latein-Nachhilfestunden einiges verdienen können. Auch hatte ich mich schon vor dem „Nein" des Reichsjustizministeriums um Tätigkeiten bei Anwälten beworben und kam so zu Rechtsanwalt Joseph Grünwald, einem alten Nazi und Blutordensträger. Der meinte, als ich ihm meine Auffassung offen darlegte, es sei ganz gut, wenn auch ein „Schwarzer" in seiner Kanzlei sei. Von Hitler und seiner

Partei halte er ohnedies nicht mehr sehr viel. Als ich mit ihm am 1. September 1939 die berüchtigte Kriegserklärungs-Reichstagsrede Hitlers in einem Wirtshaus in der Thierschstraße im Lehel, einem alten Münchner Stadtteil, hörte, sagte er beängstigend laut: *„Das wissen Sie schon, Herr Kollege, dieser Krieg ist das Ende des englischen Imperiums und gleichzeitig das Ende der NSDAP.“*

Die Anwaltsgeschäfte betrieb Rechtsanwalt Grünwald mit landsknechtartiger Unbekümmertheit. Gleich in den ersten Tagen meiner Tätigkeit kamen immer wieder Leute, die ihr Autokennzeichen abholen wollten. Diese metallenen Nummernschilder hatte Grünwald nämlich kurzerhand persönlich von den Fahrzeugen der Schuldner abgeschraubt und zu den Akten genommen, aus denen sie etwas störend hervorstanden. Den Schuldnern hatte er geschrieben, daß sie gegen Zahlung der fälligen Beträge ihre Schilder wieder abholen könnten. Mir gegenüber erklärte er die Sache sehr einfach: *„Wissen Sie, die Justiz und die Gerichtsvollzieher sind mir zu langweilig.“* Merkwürdigerweise funktionierte das System ausgezeichnet. Mehrmals in der Woche kamen Leute und holten gegen Bezahlung ihrer Schuld ihr Autonummernschild wieder ab.

Als ich Grünwald einmal fragte, was ich eigentlich als Lohn bekäme, meinte er nur: *„Nehmen Sie sich aus der Zigarrenkiste, was Sie für angemessen halten.“* Es war tatsächlich eine Zigarrenkiste, in der er die Geldeingänge aufbewahrte. Buchhalter hatte er keinen. Ich nahm mir dann monatlich gegen Quittung den ganz respektablen Betrag von 400 Reichsmark heraus. Das hatte den damals natürlich nicht voraussehbaren Vorteil, daß ich dann als Wehrmachtsangehöriger nach meiner standesamtlichen Trauung im September 1940 bis Kriegsende auf dieser Basis einen relativ ansehnlichen Familienunterhalt bekam.

Als bei Grünwald einmal ein Bauer auftauchte, der seinen Pflug bei einer jüdischen Firma gekauft und nicht bezahlt hatte, schickte er mich zu Gericht mit der Bemerkung, wenn der schon seinen Pflug bei einem Juden kaufe, dann solle er ihn dem Juden auch bezahlen. Das Oberlandesgericht hat nach einigem Hin und Her tatsächlich den Bauern zur Zahlung verurteilt. Der Ortsgruppenleiter hat dann die Akten angefordert und nicht mehr zurückgegeben. So unterblieb die Vollstreckung dieses rechtskräftigen Urteils gegen den vertragsbrüchigen Bauern.

Merkwürdigerweise fragte mich bei den Gerichtsterminen, bei denen ich Rechtsanwalt Grünwald vertrat, niemand nach meiner Legitimation. Ich hätte ja eigentlich eine Vertretungsgenehmigung gebraucht, die ich natürlich nicht bekommen hätte.

Krieg

Das blieb nun alles ungeklärt, denn alsbald erreichte mich die so lange gefürchtete Einberufung zu den Raub- und Mordbataillonen Hitlers. Termin: 5. Oktober 1939. Da war Polen bereits überfallen, besetzt und völlig entmachtet. Zu diesem „Sieg“ läuteten in Deutschland die Glocken aller katholischen Kirchen.

Der Pole Karel Wojtyla, der spätere Papst Johannes Paul II., war damals 19 Jahre alt und hat als Student das Läuten der katholischen Glocken anläßlich der Vergewaltigung seines Vaterlandes wohl gehört. Ich frage mich immer wieder, welche Gedanken und Empfindungen den Papst bewegen, wenn er daran denkt, wie damals die Glocken seiner katholischen Kirche die Niederlage seiner katholischen Heimat mit feierlichem Geläut begleiteten.

Den Zwangsrekrutierungsbefehl mußte ich befolgen. Ich sah keine Möglichkeit, mich ihm zu entziehen, denn auf Nichtbefolgung dieser Einberufung stand die Todesstrafe. Für eine Emigration fehlten mir Geld und Verbindungen. Sich im Inland zu verstecken, wäre auf die Dauer unmöglich und obendrein lebensgefährlich gewesen. Ich wollte aber den Krieg und das Dritte Reich überleben.

Juristen streiten seit eh und je darüber, ob die Todesstrafandrohung die Gesetzesverletzungen verhindere oder wenigstens vermindere. Mein Verhalten ist ein Beweis für die Wirksamkeit der Todesstrafandrohung. Ohne sie wäre ich nicht zur Hitler-“Wehr“-macht eingerückt, die ja in Wirklichkeit eine Angriffsmacht war, so daß man den Wortteil „Wehr“ eigentlich immer in Anführungszeichen setzen müßte. Daß viele, vielleicht die meisten, nicht freiwillig eingerückt wären, wußte Hitler natürlich auch. Darum hat er uns ja, echter Terrorist, der er war, mit dem Tode bedroht, nicht anders als ein Bankräuber die Kassiererin mit der Pistole bedroht, die dann, um ihr Leben zu retten, die Tausendmarkscheine herausgibt.

Wie außerordentlich groß die Zahl derer war, denen ihr Gewissen nicht gestattete, bei dem völkerrechtswidrigen Hitlerkrieg mitzumachen, zeigen die laufend verhängten Todesurteile gegen Soldateneidverweigerer, Einberufungsbefehlverweigerer, Selbstverstümmler, Wehrmachtsflüchtlinge, wie immer man die Hitlerkriegsverweigerer nennen mag. (Das Wort „Deserteur" verwende ich nicht, denn es hat einen psychologischen Nebeneffekt, als ob „Deserteur der NS-Wehrmacht" etwas Negatives wäre.)

Erst lange nach dem Krieg wurden dazu Zahlen und Einzelheiten bekannt: Mindestens 50000 Deutsche wurden von den nationalsozialistischen Kriegsgerichten hiewegen zum Tode verurteilt, und mindestens 30000 dieser Todesurteile wurden durch Erhängen, durch Erschießen oder mit dem Fallbeil vollstreckt. Dazu kommen ungezählte Tausende von Wehrpflichtigen, die zunächst nicht gerade zum Tode verurteilt wurden, die aber dann in Straflagern und Bewährungsbataillonen elend zugrundegingen. Wie sehr der Nationalsozialismus bei uns bis heute weder überwunden noch bewältigt ist, zeigen unter anderem die Hunderte von NS-Kriegsrichtern, die jene Todesurteile gefällt haben, und deren Witwen mit ihren satten Ruhegehältern, während die weitaus überwiegende Mehrzahl der Opfer und deren Angehörige keine Entschädigung bekamen.

Auch viele dieser NS-Kriegsrichter wurden nach dem Krieg anstandslos in die Justiz der Bundesrepublik übernommen, der Marinekriegsrichter Hans Filbinger wurde von einer wertblinden CDU sogar zum Ministerpräsidenten des Landes Baden-Württemberg gemacht.

Gegen das bequeme Vergessen

Immer wieder beklagen sich Kinder und Enkel: Unsere Großväter und unsere Väter haben uns von ihrer Soldatenzeit und vom Krieg gar nichts erzählt.

Der Grund für diese Zurückhaltung liegt im Wesen des Krieges. Die Väter und Großväter wollen sich nicht mehr in ihr Bewußtsein zurückrufen, daß sie als Wehrpflichtige unter Androhung der Todesstrafe gezwungen wurden, die Uniform der Wehrmacht mit dem eingewirkten Hakenkreuz auf der Brust anzuziehen und auf Leute zu schießen, die sie gar nicht kannten. Wer sich hat verführen lassen, freiwillig zur Wehrmacht zu gehen, schämt sich, sobald er merkt, wie sein Idealismus mißbraucht wurde, und die Kriegsgefangenen wollen nicht mehr an den Hunger und an die Strapazen erinnert werden, die sie in einem fremden Land erleiden mußten. Sie alle wollen, so gut es irgendwie geht, diese schrecklichen Jahre vergessen oder wenigstens aus ihrem Bewußtsein verdrängen und durch nichts mehr daran erinnert werden, am wenigsten durch eigene Erzählungen.

Wenn ich nun dennoch schildere, wie es mir in „meinen" fünfeinhalb Kriegsjahren ergangen ist, dann nehme ich den Schmerz dieser Erinnerung deshalb auf mich, weil meine Kinder und Enkel und die nächsten Generationen erfahren müssen, wie widersinnig und verbrecherisch der Hitlerkrieg war. Sie müssen mit großem Ernst und großem Eifer das Ihre tun, um neuen Kriegstreibern rechtzeitig das Handwerk zu legen. Für meine Familie hatten meine Erzählungen jedenfalls den Erfolg, daß keiner meiner sieben Söhne sich entschließen konnte, zur Bundeswehr einzurücken, die die Tradition des Hitlermilitärs nicht zuletzt dadurch weiterpflegt, daß sie Kasernen nach fanatischen Hitlergeneralen benennt, zum Beispiel die Generaloberst-Dietl-Kaserne in Füssen.

Ich mußte also, wie Millionen anderer Zwangsrekrutierter, „einrücken", und zwar am 5. Oktober 1939. Mit einigen Hunderten anderer Rekruten kampierte ich einige Tage in einer Flugzeughalle in München-Riem. Dann wurden wir auf einer großen Wiese versammelt, und ein Feldwebel, den ich um seine Stentorstimme beneidete, las die Namen vor.

Nun kam der erste der vielen Zufälle, die mir während meiner Soldatenzeit immer wieder das Leben retteten:

Der Feldwebel las also schön dem Alphabet nach die Namen der Rekruten vor, die zu den einzelnen Truppenteilen kamen, auch derer, die zur Sanitätsausbildung eingeteilt waren. Auf einmal hieß es „Dr. Otto Gritschneder"! Ich kam also zur Sanitätsausbildung. Warum, habe ich nie recht herausgebracht, denn meist waren es Theologiestudenten oder Angehörige von Heilberufen, die zur „Sanität" kamen. Bei mir war es vielleicht der Doktortitel, der irgendeinen Wehrmachtsschreiberling veranlaßte, mich für einen Mediziner zu halten.

Anschließend kamen wir per Lkw nach Unterhaching bei München in eine Turnhalle. Dort wurde wieder fleißig registriert, und man fragte mich, in welcher Klinik ich gewesen sei. *„In der Münchner Poliklinik", antwortete ich, „damals war ich 13 Jahre alt und schwer krank."* So stellte sich heraus, daß ich zwar „Dr." war, aber bloß Dr. jur., nicht Dr. med. Wäre ich Arzt gewesen, hätte man mich vielleicht zur Feldbäckerei eingeteilt. Man schickte mich aber nicht zurück, sondern war recht froh um mich, weil Sanitätseinheiten ja auch Rechnungsführer, Schreibpersonal und dergleichen brauchten. Da konnte man Juristen wohl verwenden.

So behielt man mich bei der *„Lw. San. Ers. Komp. 7"*; so lautete die Einprägung auf meiner Erkennungsmarke, dazu die Nummer 348. Die Erkennungsmarke ist ein ovales Blech mit etwa 7 cm in der Längsachse, in der Mitte ist es perforiert, und auf der unteren Hälfte steht dieselbe Einprägung noch einmal. Das sollte sicherstellen, daß man mich als Toten identifizieren kann. Man bricht einfach die untere Hälfte der Blechmarke ab und kann dann versuchen festzustellen, wer der Tote ist. Da man als Soldat ziemlich plötzlich tot sein kann, mußte man diese Erkennungsmarke wie eine Hundemarke ununterbrochen Tag und Nacht um den Hals gehängt tragen. Ich brachte diese Blechmarke gottlob unzerbrochen durch den Krieg; sie ist ein makaberes, aber interessantes Stück in meinem Familienarchiv.

Was übrigens die Beschriftung dieser Erkennungsmarke anlangt, so wäre es natürlich zweckmäßiger gewesen, statt der Nummer den Namen nebst Datum und Ort der Geburt des Zwangsrekrutierten anzubringen. „*Nichts Geringes ist ein Name*", heißt es schon bei Goethe. Das hätte aber der durchgängigen Mißachtung der Einzelpersönlichkeiten im Nazireich widersprochen, so wie es auch in russischen und anderen Straflagern nur den Gefangenen Nummer sowieso gibt, nicht den Gefangenen mit Namen sowieso. Die so überaus traurige Erfahrung, die man mit diesen Erkennungsmarken-Nummern macht, war leicht vorauszusehen; man hat das ganz offensichtlich hingenommen. Bei Millionen Gefallener ist nämlich bis heute nicht mehr festzustellen, um wen es sich handelt. Die Listen, anhand derer man hätte ersehen können, welche Nummer zu welcher Person gehört, waren vielfach nicht mehr auffindbar, verstümmelt und voller Fehler. So wurden viele solcher anonymen Erkennungsmarken zu Nichtmehrerkennungsmarken.

Nun hatte ich also die NS-Luftwaffenuniform anzuziehen, ein weiteres Zeichen der Entindividualisierung. Auf der rechten Brustseite war das Hakenkreuz eingewirkt, das Zeichen des Mörders. Man wende nicht ein, daß es auch „Uniformen" für andere Berufe gibt. Die Robe des Richters und des Rechtsanwalts ist ein Zeichen für die persönliche Eigenarten zurückstellende gemeinsame Sorge um das Recht, der Talar des Priesters zeigt die Gemeinsamkeit im Ritus des religiösen Dienstes. Aber welchem Ideal soll die Uniform des Soldaten dienen, dessen Berufsziel die Tötung von unschuldigen Menschen ist, und die er auch „außer Dienst" ständig tragen mußte?

Der Fahneneid

Nach einigen Wochen wurden wir in das Wittelsbacherschloß in Possenhofen am Starnberger See verlegt. Dort mußten wir den Fahneneid leisten. Dazu wurde die Truppe feldmarschmäßig, also mit Stahlhelm und „umgeschnallt" versammelt und mußte die Eidesformel sprechen. Wer sie verweigert hätte, wäre vor das Kriegsgericht gekommen und zum Tode verurteilt worden. Manche sprachen nun nicht oder nur ganz leise mit und meinten, sich auf diese Weise vor ihrem Gewissen nicht an den Eid gebunden fühlen zu müssen. Das ist natürlich eine unangebrachte Gewissenhaftigkeit, denn der erzwungene, noch dazu inhaltlich völlig verbrecherische Eid konnte einen auch nur halbwegs nachdenkenden Menschen im Gewissen nicht verpflichten. (Der Wortlaut dieses „Eides" steht auf Seite *45*)

„Sie Rübenrotz ..."

Nun begann also das, was man in militärischen Kreisen als „Grundausbildung" bezeichnet, das heißt, es wurde die Zeit mit endlosem Exerzieren verplempert: laufen, hinlegen, aufstehen, in verschiedenen Formationen marschieren, singen unter der Gasmaske und derlei Unsinnigkeiten mehr. Dabei schrien die Ausbilder ihre Kommandos durcheinander, vermischt mit einfältigen und ordinären Sprüchen.

Als so einem Ausbilder einmal irgendetwas an mir nicht paßte, plärrte er eine ganze Litanei fäkalisch-ordinärer Sentenzen an mich heran. Ich stamme ja aus dem Arbeiterviertel der Schwanthalerhöh' im Westen Münchens und bin mit den weniger feinen Redewendungen des bayerischen Dialektes sehr wohl vertraut. Aber so ordinäre Ausfälle, wie sie mir dieser „Ausbilder" ins Gesicht schleuderte, habe ich noch nie gehört: „*Sie Rübenrotz, Sie in die Luft geschissenes Fragezeichen, Sie Arschtüte und Arschficker. Ich reiß' Ihnen den Arsch auf bis zu den Ohren ...*". Da ließ ich mich zu einer Erwiderung hinreißen, die eigentlich ein taktischer Fehler war. Ich hätte aus Remarques „*Im Westen nichts Neues*" wissen müssen, daß Beleidigungen und Mißhandlungen von Soldaten, besonders von Rekruten, zum eisernen Bestand des Militärs gehören, auch bei unserer bundesrepublikanischen Bundeswehr, wenn man die alljährlichen Berichte der Wehrbeauftragten des Bundestages aufmerksam liest.

Ich rief also in der unsinnigen Meinung, daß beim Militär ein bißchen Recht und Gerechtigkeit zu verlangen sei, aus Reih' und Glied heraus: „*Wenn Sie mit Ihren Beleidigungen fortfahren, bin ich in Ehrennnotwehr und werde Sie beleidigungsunfähig prügeln.*" Ein etwas umständlicher Satz, bei dem man mir meine juristische Verbildung zugutehalten will, aber inhaltlich dürfte er korrekt gewesen sein. Das war nun für den Primitivling, der mich so ordinär angeschrien hatte, ein unerhörter Vorfall. Ein Rekrut gibt kontra! Ich wurde daher sofort zum Kompaniechef befohlen, einem Stabsarzt Dr. Albrecht. Der wußte natürlich mit einem solchen „Vorfall" nichts anzufangen. Mit keinem Wort rügte er die Sprüche des Ausbilders. Er erzählte mir vielmehr etwas von Kriegsgericht, Meuterei, Widerstand gegen Vorgesetzte und so weiter.

Ich bat nun ums Wort und gab weiterhin kontra. Vor allem verbat ich mir weitere Beleidigungen durch den

Herrn Ausbilder. Dabei verwies ich auf die dem Sanitätsoffizier natürlich völlig unbekannte Rechtsprechung des Reichskriegsgerichts zum Thema „Ehrennotwehr". „*Was wollen Sie damit sagen?*"

Ich bat darum, die Sache näher darlegen zu dürfen, und berichtete über den Freispruch eines wegen Körperverletzung eines vorgesetzten Unteroffiziers angeklagten Soldaten. Dieser Vorgesetzte hatte der Braut des Soldaten die Tasche weggenommen und verlangt, daß das Mädchen die Tasche auf seinem – des Unteroffiziers – Zimmer abholen sollte. Dem Soldaten, der die Tasche herausverlangte, befahl er, sofort das Lokal zu verlassen. Daraufhin hatte der Soldat den Unteroffizier ausgiebig verprügelt. Das Reichskriegsgericht sah den Fall der Ehrennotwehr für gegeben und sprach den Rekruten frei.

Der Kompaniechef hatte sich das alles tatsächlich angehört und konnte nur unbeholfen erwidern: „*Was Sie da alles erzählen! Sie werden morgen früh erfahren, wie die Sache geregelt wird. Wegtreten!*" Am nächsten Morgen wurde beim Appell verkündet, daß der Sanitätssoldat Gritschneder wegen „Sprechens aus dem Glied" einen strengen Verweis bekommt. Damit hatte ich das Strafbuch der Kompanie eröffnet und wurde bei nächster Gelegenheit, wie man das mit aufsässigen Leuten so macht, versetzt, und zwar an die Front. Das wäre nun in späteren Zeiten des Krieges wohl eine lebensgefährliche Sache gewesen. Aber im Dezember 1939 gab es keine kämpfende Front.

An die „Front" nach Böblingen

Daher kam ich wenigstens zu einer für die Front vorgesehenen Sanitätskompanie im Westen, nämlich in Böblingen bei Stuttgart; diese hatte sogar eine Feldpostnummer: 20206. Diese ausgezeichnet ausgerüstete und mit erfahrenen Reserveärzten ausgestattete Sanitätskompanie wurde im Mai 1940 tatsächlich an die Front geschickt, und zwar ins Süd-Elsaß, wo ich den größten und für mein weiteres Leben entscheidenden Glücksfall erleben sollte. Doch davon später.

In Böblingen lagen wir im Winter 1939/40 in einer neugebauten, sehr gut eingerichteten Kaserne mitten im Wald. Ich begegnete dort nur zwei Leuten, mit denen man vernünftig reden konnte: der eine war der Chef des Ausleihamtes der Württembergischen Landesbibliothek, Eugen Nagel, ein gebildeter und sehr angenehmer Herr; mit seiner Familie verband mich bald eine herzliche Freundschaft. Der andere war ein Abiturient, den man nicht zum Chemiestudium zugelassen hatte, weil er nicht arisch war. Warum er dennoch zum Militär eingezogen wurde, konnte ich nicht erfahren. Jedenfalls wurde er nach einem Jahr als wehrunwürdig oder so ähnlich wieder entlassen. Inzwischen ist auch er mein Freund geworden, er lebt heute als emeritierter Professor einer medizinischen Fakultät im Rheinland: Professor Dr. Hans Goslar. Die genaue Schreibweise der Namen der Offiziere und deren Vornamen weiß ich nicht mehr:

Chef war ein älterer Oberstabsarzt Junginger. Als er im Elsaß einmal einen Armstreifschuß behandeln sollte, erwischte er die Schlagader. Damals sah ich zum erstenmal, wie weit das arterielle Blut spritzt, wenn die Ader verletzt wird; es sind an die drei Meter.

Tüchtige Chirurgen hingegen waren Dr. Burkhart vom Marienkrankenhaus in Stuttgart und Dr. Gamstätter, beide im Rang von Oberärzten beziehungsweise Stabsärzten. Etwas mitleiderregend wirkte der blasse, schmale Pastorensohn Scheyerer, den man auch in eine Oberarztuniform gesteckt hatte.

Ein ausgesprochener Grobian war Unterarzt Dr. Dumpert, der Magenverstimmungen von Betrunkenen durch einen kräftigen Stoß mit dem Knie in die Magengegend behandelte, so daß Bier und Schnaps und das ganze Abendessen wieder hochkamen und der Magen entlastet und schmerzfrei wurde.

Dann hatten wir noch einen Zahnarzt; er hieß Spriegel und war ein rechter Laffe. Es gab ja so gut wie keine Zahnkranken bei uns. Daher beschäftigte sich dieser arbeitslose Zahnmediziner mit Telefonanrufen bei allerhand Mädchen.

Im Winter 1939/40 fanden keine Kämpfe statt, so daß unsere „Fronteinheit" die Zeit irgendwie anderweitig totschlagen mußte. Der Kompaniechef Dr. Junginger gab einen biederen Sanitätsunterricht, die Assistenzärzte und Unterärzte vertrieben sich die Zeit auf eine nicht weiter nachkontrollierbare Weise. Für den politischen und weltanschaulichen Unterricht wollte man durch Vorträge und Diskussionsbeiträge sorgen. Dabei mußte man sich allerlei Unsinn anhören. Einer der Ausbilder hielt einen „geopolitischen" Vortrag und sprach eine halbe Stunde lang vom pazifistischen Ozean, wobei er offensichtlich den Pazifischen Ozean meinte.

Das „perfide Albion"

Einmal mußte auch ich einen Vortrag halten, und zwar anhand einer Tornisterschrift, die von irgendeiner Wehrmachtsbehörde herausgegeben wurde: *„Der Überfall der Engländer auf Kopenhagen im Jahr 1807"*. Überflüssig zu erwähnen, daß in einer solchen vom Nazimilitär verteilten Unterrichtsvorlage nicht die reine Wahrheit stand. Das perfide Albion habe, so war dort zu lesen, die friedlichen Bürger von Kopenhagen überfallen und ihre Häuser zerstört. Ich hatte noch Zeit, meinem Jugend- und Studienfreund Konrad Legat zu schreiben, er möge doch in einer Bibliothek feststellen, wie die Sache wirklich war.

England wollte, das steht für Historiker längst fest, damals nicht warten, bis Napoleon die zweitgrößte Flotte, nämlich die der Dänen, kaperte und gegen England einsetzte. Da die Dänen ihre Flotte den Engländern aber nicht freiwillig überlassen wollten, sahen sich die Engländer gezwungen, Kopenhagen zu beschießen und die Flotte kurzerhand zu entführen.

Ich bemerkte nun in meinem Vortrag, daß ich das gar nicht so unlogisch fände und daß ich mir gut vorstellen könne, daß auch der „Führer" im Ernstfall englischen Interventionen in den skandinavischen Ländern zuvorkommen würde. Damit erregte ich das Mißfallen der Sanitätsoffiziere, die ja nur jene Tornisterschrift in den Händen hatten. Man zweifelte an meiner politischen Zuverlässigkeit. Ich sollte aber unerwartet bald wieder recht behalten. Hitler hat wenig später, am 9. April 1940, Dänemark besetzt und gegen heftigen Widerstand Norwegen überfallen, um, wie er sagte, den Engländern zuvorzukommen.

Über den Rhein …

Am 10. Mai 1940 begann die „Westoffensive", Ziel: Frankreich zur Waffenstreckung zu zwingen, ein Arrangement mit Großbritannien zu erreichen und danach die Wendung nach Osten zu vollziehen.

Unsere Einheit kam erst beim zweiten Stoß, am 9. Juni, zum Einsatz. Wir fuhren, vollmotorisiert wie wir waren, durch den Schwarzwald an den Rhein. Auf dem Weg dorthin hielt uns ein höherer Sanitätsoffizier in einem Wald an und sprach markige Durchhalteworte, die offenbar in einem Reglement vorgesehen waren. Er müsse von uns das Äußerste für Führer, Volk und Vaterland verlangen. In der Nacht überquerten wir dann auf einer Pontonbrücke den Rhein. Es soll die Stelle gewesen sein, an der Caesar im Jahre 55 v. Chr. nach Germanien übersetzte.

An einem Ort, dessen Lage und Namen ich nicht mehr genau weiß, kamen wir nun wirklich zum Einsatz. Wir hatten Verwundete von der Front zurückzufahren in ein Luftwaffenlazarett und dort den Ärzten zu übergeben. Da ich mich immer schon geweigert hatte, einen Militär-Führerschein zu erwerben, übertrug man mir die Organisation des Einsatzes, weil die Ärzte dauernd operieren mußten und keine Zeit für Verwaltungsarbeit mehr hatten. So teilte ich also unsere Leute in drei Gruppen ein: Die erste sollte etwa acht Stunden im Einsatz sein, das heißt, die Verwundeten zurückbringen, und die beiden anderen hatten sich auszuruhen. Die herangekarrten Verwundeten mußte ich unterbringen und notdürftig behandeln lassen.

Ein Feldwebel wollte meinem Befehl nicht nachkommen. Weil ihm nur das erste Glied des rechten Daumens abgeschossen worden war, wollte er gleich wieder an die Front. Da er aber Fieber hatte, befahl ich ihm hierzubleiben und drohte mit einer Meldung, wenn er nicht folgen würde. Am nächsten Morgen kam der Arzt zur Visite und stellte anhand der sich aus der Wunde lösenden Bläschen fest, daß der Feldwebel einen Gasbrand hatte, eine lebensgefährliche, jetzt aber kaum noch vorkommende Infektion. So wurde ihm der ganze Daumen abgeschnitten. Damit konnte eine tödliche Ausbreitung der Wundinfektion verhindert werden.

Sommer 1940: Brautfahrt im Elsaß

Die erste „feindliche" Stadt, in die wir im Sommer 1940 einfuhren, war Mühlhausen im Südelsaß. Die Bevölkerung empfing uns mit verständlicher Zurückhaltung. Am Straßenrand standen allerdings einige ältere Männer, die das Eiserne Kreuz Erster Klasse, das sie im Ersten Weltkrieg bekommen hatten, angesteckt hatten und uns zuwinkten.

Wir fuhren vor das Krankenhaus Saint-Damien, das von uns besetzt und als Lazarett verwendet werden sollte.

Kampfhandlungen gab es keine mehr, weil die Hitlerwehrmacht schon am 14. Juni 1940 Paris kampflos besetzen konnte und bereits am 22. Juni 1940 im Wald von Compiègne der deutsch-französische Waffenstillstand unterzeichnet worden war. In dieser beinahe etwas friedlichen Atmosphäre tauchten wir also vor dem Krankenhaus in Mülhausen auf. Eine Ordensschwester, offenbar die Oberin, stand eindrucksvoll und angetan mit dem Orden der „Légion d'honneur" oben an der Treppe, wo ihr dann einer unserer Offiziere in aller Form die Requisition des Krankenhauses erklärte.

Wir Mannschaften wurden auf einzelne Privatquartiere verteilt. Hans Goslar, der Nichtarier, und ich bekamen ausgerechnet die Wohnung des jüdischen Arztes Schwab zugeteilt, in der nur noch die Haushälterin wohnte. Diese nahm uns behutsam auf und merkte bald, daß wir gar keinen Unfug anstellen, sondern nur ruhig schlafen wollten. Als Hans sich in der Bibliothek umsah, bemerkte sie nicht, daß er jüdische Schriften suchte, mit großem Interesse ein wenig anlas und dann wieder vorsichtig ins Regal stellte.

Hans Goslar, Eugen Nagel und ich übernahmen freiwillig die Nachtwachen, die zum Schutz unserer Fahrzeuge immerhin erforderlich erscheinen durften. Die anderen gingen auf irgendwelche Abenteuer in der Stadt aus, von denen wir nichts wissen wollten.

Nach einigen Tagen wurden wir nach Cernay (Sennheim) in den Cercle Catholique verlegt. Irgendwelche sinnvollen Tätigkeiten hatten wir dort nicht auszuüben, und um 17 Uhr war Dienstschluß. Daher erbat ich mir vom dortigen Pfarrer ein Fahrrad und fuhr in der Gegend herum. Ich kam bis Belfort, wo ich im Warenhaus einige Textilien einkaufte, die es in Deutschland nicht mehr gab. Die Verkäuferinnen wunderten sich, daß ich die Waren ordnungsgemäß bezahlte und keinerlei Unannehmlichkeiten bereitete.

Eines Abends, am 18. Juli 1940, fuhr ich – wieder kurz nach 17 Uhr – mit dem Rad etwa 10 Kilometer nach Westen; dort liegt das Städtchen Thann an der Thur mit seiner wunderschönen spätgotischen Kirche. Ich kam gerade recht, als ein junges Mädchen in der Hauptstraße (11, grand'rue) den eisernen Rolladen vor dem Schuhgeschäft herunterließ. Als ich fragte, ob ich noch hineinkommen könnte, antwortete sie schlagfertig: „*Wenn Sie etwas kaufen wollen, schon.*" Bei dieser Gelegenheit sah ich das erste Mal die Schwester jenes Mädchens, nämlich Margarete Caesar. Ich lernte sie in den nächsten Tagen näher kennen. Sie hatte eben das Collège Scheurer-Kestner in Thann absolviert und hätte gern auch Latein gelernt. Da konnte ich mich als privater Lateinlehrer empfehlen. Nach wenigen Lateinstunden (wir kamen etwa bis zur dritten Deklination) waren wir verlobt. Bei den Eltern hielt ich schon nach wenigen Tagen in aller Form um die Hand ihrer Tochter an.

Gefangenenaufseher im Lazarett in Haguenau

An sich war unsere voll motorisierte und bestens ausgerüstete Sanitätskompanie für die Landung in England vorgesehen. Daraus wurde aber gottlob nichts. Wir wurden vielmehr nach Haguenau verlegt, gute 20 Kilometer nördlich von Straßburg.

Dort hatten wir ein Lazarett zu übernehmen. Die organisatorischen Dienste hatte man wieder mir übertragen. Ich mußte jeden Morgen im Gefangenenlager in Haguenau etwa 20 Mann aussuchen und eine halbe Stunde lang durch den Wald ins Lazarett führen. Dort teilte ich die Leute, vor allem Handwerker, zu den Arbeiten ein. Es gab Schränke zu tragen, Installationen zu reparieren, die Beleuchtung und die Stromversorgung in Schuß zu halten und derlei mehr. Um diese Leute, die ja im Gelände verstreut waren und nicht beaufsichtigt werden konnten, an der Arbeit zu halten, teilte ich für gute Arbeiten Essensportionen aus. Ich mußte einige französische Kommandos lernen, um die Truppe überhaupt bewegen zu können: Marchez au pas! Demi-tour à droite! Repos! (Vorwärts marsch! Rechts um! Rührt euch!)

Daß ich Eßprämien vergab, sprach sich bald herum, und so zogen die Gefangenen mitten im Sommer ihre dicken Mäntel an, um an der Innenseite eine Schnur zu befestigen, an der sie dann die Kommißbrote und ähnliche Nahrungsmittel aufhingen, um ihren Kameraden im Lager etwas mitzubringen.

Als ich „meine Truppe" wieder einmal auf den Weg ins Lager führte, begegnete mir ein Major, den ich natürlich stramm zu grüßen hatte und der sich erkundigte, was hier los sei. Er entdeckte auch die Lebensmittel, die die Gefangenen bei sich hatten, und schrie mich fürchterlich an als Verräter und Saboteur an der deutschen Verpflegung; er werde dafür sorgen, daß ich vor ein Kriegsgericht käme.

Diesen Vorfall teilte ich am nächsten Morgen meinem Chef mit, einem Oberfeldarzt. Der stand eine Stufe höher als jener Major. Ich bat nun sehr nachdrücklich, doch die Gefangenen weiter verpflegen zu dürfen, weil es sonst einfach nicht möglich sei, sie zur Arbeit zu bringen, und die ganze Ordnung im Lazarett gefährdet sei. Das leuchtete ihm ein. Er telefonierte den Major an, den er offenbar irgendwie kannte, und „schiß" ihn regelrecht an. *„Ich schieße auch nicht mit Ihren Kanonen, lassen Sie bitte meine Leute in Ruhe; die wissen schon, was sie machen."* Als mir dann am nächsten Tag der Major wieder begegnete, genügte es, eine stramme Ehrenbezeugung zu machen, die er lässig erwiderte.

Von diesem fast idyllischen Arbeitseinsatz habe ich zwei Dinge in Erinnerung: einen Pianisten aus Paris, der heilfroh war, daß ich ihn zum „Tellerwaschen" einteilte. Das bedeutete, daß er den ganzen Tag im Offizierskasino des Lazaretts auf dem Flügel üben konnte, den sonst niemand benützte. Er spielte auf unseren Wunsch sämtliche weltlichen, geistlichen, klassischen und unklassischen Stücke, die wir haben wollten.

Das zweite Erlebnis ist etwas skurril: Ich fuhr auf dem Weg vom Gefangenenlager zum Lazarett mit dem Fahrrad, das Gewehr umgehängt. Neben mir fuhr ein weiterer Soldat, der mich zu unterstützen hatte. Unvorsichtigerweise sagte ich zu ihm, es sei doch eigentlich recht merkwürdig: Wir wollten heim, die von uns beaufsichtigten Gefangenen wollten auch heim. Warum wir uns gegenseitig das Leben schwer machten. Nun hatte ich bei der Auswahl meiner Leute immer zwei kräftige Marokkaner dabei, die Kästen schleppen und Kisten transportieren konnten. Diese beiden Marokkaner gingen in der letzten Reihe und hörten, was ich zu meinem Begleiter gesagt hatte. Da drehte sich einer um und sagte auf Bayerisch: *„Des glaubst!"* Ich erschrak ein wenig und fragte nun, woher er Bayerisch könne. Es stellte sich heraus, daß er ausgerechnet in München aufgewachsen war. Er war das uneheliche Kind einer Mutter, die offenbar während des Ersten Weltkriegs mit einem Marokkaner zu tun hatte. Er sprach so fließend Bayerisch, daß ich nun einen Dolmetscher hatte und mich mit der Gefangenen-Arbeitsgruppe noch leichter verständigen konnte.

Ich werde nie vergessen, wie die Gefangenen, wenn ich morgens kam, schon ihr Gesicht an das Drahtgitter drückten und mich baten, mitkommen zu dürfen, und zwar nicht nur wegen der Abwechslung, die die Arbeit im Lazarett bot, sondern auch wegen der Verpflegungs-Zusatzrationen, die ich ihnen jeweils besorgen konnte.

Ein Sanitätsflugzeug aus Paris

Im August bekam ich einige Tage Heimaturlaub und konnte gleich in München bleiben, weil unsere Sanitätseinheit zufällig in die Nachrichtenkaserne im Norden Münchens verlegt wurde. Bei dieser Gelegenheit konnte ich meiner Mutter und meinem Bruder Max auch meine Braut vorstellen, für die ich bei der deutschen Militärverwaltung in Straßburg die Ausreisegenehmigung Nummer 1 hatte besorgen können.

Es war nun ungefähr ein Jahr her, seit ich zwangsrekrutiert war, und nach einem Jahr wird man in der Regel Gefreiter. Die harmlosen mitzwangsrekrutierten Schwaben freuten sich so sehr darauf, daß sie heimlich im Spind, schon bevor beim Appell die Beförderung offiziell bekanntgegeben wurde, an ihren Uniformen auf dem linken Ärmel den silberweißen Winkel aufgenäht hatten, das Rangzeichen des Gefreiten; ein Obergefreiter hatte dann zwei Winkel. Ich tat gar nicht dergleichen, und das brachte mich wieder einmal in Verlegenheit.

Eines Nachmittags nämlich waren wir nach Oberwiesenfeld, dem Flugplatz im Norden Münchens, befohlen worden. Ein Sanitätsflugzeug, eine Ju 52, weiß angestrichen und mit aufgemaltem roten Kreuz, war aus Paris angesagt, und wir sollten Verwundete in unsere Sanitätskraftwagen verladen und auf die Münchner Krankenhäuser beziehungsweise Lazarette verteilen. Als wir nun sozusagen feldmarschmäßig angetreten waren, stellte sich heraus, daß ich keinen Winkel am Ärmel hatte und keine zweite silberne Metallschwinge am Revers des Rockes; ein Gefreiter hatte nämlich zwei solche Schwingen, ein Obergefreiter drei. Es gab einige Komplikationen, bis man den Winkel auf meinem Rock anbrachte, denn ich konnte nicht und wollte auch nicht nähen. Es wäre ein ungeheurer Skandal gewesen, wenn etwa ein aus Paris eingeflogener General festgestellt hätte, daß ich laut Soldbuch zwar Gefreiter war, aber ohne den Gefreitenwinkel zu jenem Einsatz erschien.

Die Sanitäts-Ju-52 aus Paris hatte nun wegen starken Ostwindes über eine Stunde Verspätung. So standen wir untätig auf dem Oberwiesenfeld herum. Wer besonders mitleidig war, fühlte mit den armen Kranken, die im Flugzeug eine Stunde länger ausharren mußten.

Dieses Mitleid war völlig verfehlt, denn als die Ju 52 ankam, stiegen nur ein General und einige höhere Offiziere aus. Das Übrige waren lauter Kisten, Schachteln und Pakete. Kranke und Verletzte enthielt das Flugzeug nicht. Wir mußten die Schachteln und Pakete in unsere Sanitätskraftwägen verladen. Ich wurde einem jungen Stabsarzt zugeteilt, den ich zum Starnberger Bahnhof zu begleiten hatte und dessen Koffer und Pakete ich an den Bahnsteig bringen sollte. Ich habe ihn aber leider im Bahnhof aus den Augen verloren, so daß der arme Offizier seine Pakete wohl selbst in den Zug bringen mußte. Soweit ich das feststellen konnte, waren es allerhand Lebensmittel, Teppiche und Textilien, vielleicht auch einige Kunstgegenstände.

Das war mir aber alles ziemlich egal. Meine Verachtung der militärisch uniformierten Plünderer konnte durch diesen Raub aus Frankreich nicht mehr gesteigert werden. Meine Gedanken galten meiner Verlobten und der baldigen Eheschließung. Da gab es einige Komplikationen: Als französische Staatsangehörige mußte sie beim Oberlandesgericht München eidesstattlich versichern, daß sie auch noch ledig ist. Die Kirchliche Trauung konnte dann im Januar 1941 stattfinden.

Der erstochene Unteroffizier

Im Herbst 1940 machte der Schießkrieg eine Pause. Wir kamen nach München in die Oberföhringer Nachrichtenkaserne. Dort wußte man mit uns nichts rechtes anzufangen. Da Soldaten aber immer in Bewegung gehalten und beschäftigt werden müssen, gab es unendlich viel sogenannten Außendienst, das heißt, wir mußten stundenlang exerzieren, Geländemarschübungen machen und singen. Die Ausbilder leisteten sich dabei allerhand Späße, ließen uns auf Bäume klettern und über sumpfige Wiesen robben. Dann hatten wir immer wieder Unterricht in Dienstgradabzeichen und Benehmen in der Öffentlichkeit.

Eines Morgens folgte auf das Kommando „Aufstehen!" nicht der erwartete weitere Befehl „'raustreten in die Waschräume und zum Kaffeeholen!" Wir mußten alle auf der Stube bleiben. Es lag ein düsterer Ernst in diesen Befehlen, und besonders merkwürdig war, daß zu dieser frühen Stunde schon Offiziere durch die Kasernengänge schritten, und zwar mit umgeschnallten Pistolen. Der Anlaß für diese ungewöhnliche Situation wurde erst nach und nach bekannt:

Im ersten Stock der Kaserne hatte man Rekruten aus dem Burgenland einquartiert, zwölf Stück, alle aus demselben Dorf. Sie wurden von den Ausbildern recht übel behandelt. Einen besonderen Spaß machte sich einer der Ausbilder damit, daß er jeden dieser burgenländischen Rekruten, der einen Fehler machte, dreimal um die Kompanie herumlaufen ließ, wobei der Rekrut immer laut rufen mußte: „Ich bin ein blöder Österreicher!" Nach acht Wochen bekamen diese Rekruten zum erstenmal Ausgang in die Stadt. Sie sollten bis 22 Uhr wieder in der Kaserne sein. Die zwölf hatten aber ihren ersten Freigang kräftig gefeiert und kamen erst nach Mitternacht in die Kaserne, nicht mehr ganz nüchtern. Was dann geschah, konnte man sich nach und nach aus Gerüchten und kleineren Beobachtungen zusammenreimen: Die zwölf oder einige von ihnen hatten sich in den Unteroffizierstrakt begeben und „ihren" Ausbilder, der schlafend im Bett lag, mit seinem eigenen Seitengewehr erstochen. Manche wollten sogar wissen, daß es sich dabei um einen sogenannten Metzgerstich handelte, das heißt, daß der Täter mit dem Seitengewehr die Halsschlagader des Opfers aufgerissen hatte. Dabei sollen die Rekruten gerufen haben: „Blöde Österreicher sind wir schon, aber fesch!"

Alsbald kam ein Militärarzt, die Leiche des Unteroffiziers wurde mit einem Sanitätskraftwagen weggeschafft. Zugleich wurden aber auch die zwölf burgenländischen Rekruten von drei Feldpolizisten in einem kleinen Omnibus weggebracht. Was aus ihnen geworden ist, erfuhren wir natürlich nicht.

Drei Tage Arrest bei Wasser und Brot

Im Herbst 1940 rührte sich in Sachen Krieg bei uns in der Kaserne in Oberföhring nichts. Hin und wieder hatten wir auch Ausgang in die Stadt. Da ich Münchner war, durfte ich ab und zu daheim schlafen. Als ich wieder einmal zu Hause übernachtete, obwohl ich in dem etwas unklaren Dienstplan nach Ansicht des Hauptfeldwebels zum Nachtdienst eingeteilt war, bekam ich wegen unerlaubten Schlafens zu Hause drei Tage strengen Arrest bei Wasser und Brot.

Der Gefreite Heinz Großmann, ein norddeutscher Zahntechniker, mit dem ich mich recht gut verstand und der mit mir im Sommer einige Kisten mit Leberwurst für seine und meine Familie über den Rhein herübergebracht hatte, mußte mich auf dem Motorrad ins Arrestgebäude in Schleißheim fahren. Die Zelle war etwa 5 mal 3 Meter groß und hatte in 2 Meter Höhe ein vergittertes Fenster. Die Liegestatt, ein Brett mit einer Decke, sollte tagsüber hochgeklappt und verschlossen werden. Die Mannschaft war aber zu bequem, um diese Liege jeden Morgen auf- und jeden Abend wieder zuzuklappen, so daß ich nicht den ganzen Tag zu stehen brauchte.

Allen, die einmal drei Tage bei Wasser und Brot verbringen müssen, kann ich nur raten, gleich mit dem Brotessen zu beginnen und möglichst weiterzuessen, denn man bekommt allmählich ganz schön Hunger. Untertags wurde ich von einem Wachtposten eine halbe Stunde ins Freie geführt. Das Wichtigste war, daß man lesen durfte, und zwar entweder Hitlers „Mein Kampf" oder die Bibel. Da ich „Mein Kampf" schon kannte, habe ich mir einige mir weniger bekannte Kapitel des Alten Testaments vorgenommen.

Einmal kam ein junger Offizier zur Kontrolle und wollte wissen, was ich da eigentlich läse. Nun erzählte ich ihm einiges aus dem Buch Esther. Die Erzählungen im Alten Testament kommen bekanntlich bei jedem Leser gut an. Besonders die, die ich dem Leutnant nun vorlas, ist so spannend, daß der junge Offizier über eine halbe Stunde zuhörte. Als ich ihm deutlich und anschaulich berichtete, wie der Jude Mardochäus mit Hilfe seiner Pflegetochter Esther die beabsichtigte Judenverfolgung und Judenermordung verhindern konnte und seinen Gegner, den Großwesir des Perserkönigs Xerxes, an dem Galgen aufhängte, den dieser für ihn gezimmert hatte, schüttelte er verwundert und mißbilligend den Kopf. Ich sagte ihm, daß die Juden dieses wichtige Ereignis seither alljährlich am Purim-Fest feiern. Der Leutnant sagte nur noch: *„Na sowas!"* und ließ die Arresttüre wieder zusperren. Ich konnte ihm gerade noch ein zackiges „Heil Hitler, Herr Leutnant!" nachrufen.

Vielleicht hat der junge Krieger sich die Geschichte aber doch gemerkt. Sie ist keine schlechte Warnung für Leute, die die Juden ausrotten wollen.

Diese Freiheitsentziehung und diese dreitägige Hungerkur sind natürlich nichts gegen die jahrelangen Qualen, Erniedrigungen, Unterernährungen und Gesundheitsschädigungen, die die Widerständler in den Konzentrationslagern oder als Opfer der 300 nationalsozialistischen Wehrmachtgerichte erleiden mußten.

Aber ganz unerwähnt möchte ich meine drei Arresttage doch nicht lassen. Sie sind immerhin ein nachdenkenswertes und fühlsames Beispiel dafür, daß die Nazis und ihre Militärorganisation entschlossen und rücksichtslos gegen jeden Gewalt anwandten, der auch nur ein bißchen Oppositionsgeist erkennen ließ. Einen Wechsel meiner Gesinnung wird wohl keiner meiner Vorgesetzten ernstlich erwartet haben. Mit ein bißchen Nachdenken hätten sie darauf kommen können, daß mein Haß gegen Hakenkreuz und NS-Wehrmacht sich so noch festigte.

Das Allerschwierigste war freilich, daß ich mit niemandem über meine Verachtung des Dritten Reiches reden konnte. Auch mit guten Freunden konnte man nicht darüber sprechen, weil man ja mit dummen Zufällen rechnen mußte, die die Sache dann ans Licht und mich vor Gericht gebracht hätten. Ich mußte immer an die Pfarrhaushälterin denken, die den beiden Gestapobeamten, die an der Pfarrhaustüre läuteten und eigentlich nur die Liste der Jugendvereinsmitglieder suchten, in ihrer Überraschung sagte: „*Ich habe mir immer schon gedacht, daß das mit dem Ausländersender-Hören einmal schiefgeht.*" Die Gestapobeamten notierten diese unerwartete Aussage, der Kaplan wurde zum Tode verurteilt und hingerichtet. So habe ich also geschwiegen, mehr als jeder Trappistenmönch schweigen kann.

Der Feldpostbrief

Zwischendurch ein bedrückendes Erlebnis meiner Mutter:

Meine Mutter war eine nicht allzu große, bewegliche kluge Frau mit immer wieder bewährter praktischer Intelligenz. Von Nachbarn wurde sie in schwierigen Situationen gern um Rat gefragt. Oft waren es Familienangelegenheiten, und manche enttäuschte Ehefrau kam, um sich mit ihr auszusprechen. Wenn dann beleidigte und betrogene Frauen anfingen, an eine Scheidung zu denken, riet sie dringend ab: „*Was bist dann schon? Eine geschiedene Frau!*“

Einmal aber war es ein ganz anderes Anliegen: Der uns wohlvertraute Briefträger läutete, ob er nicht hereinkommen könne, er habe einen schweren Fall, der ihm schlaflose Nächte bereitet habe. „*Bitte, kommen'S nur 'rein.*“ Das Gläschen Schnaps, das meine Mutter für solche Fälle bereithielt, lehnte der Postbote ab. „*Mir ist ganz und gar nicht danach.*“

Was war passiert?

Links neben uns auf demselben Stockwerk wohnte der Reichsbahngehilfe Johann Augustin mit seiner schlanken, ein wenig schmächtigen, seelenguten Frau. Augustin mußte oft schon recht früh zur Arbeit, und während der Jahre der Inflation vor 1923 war bei Augustins Schmalhans Küchenmeister. Ihre größte Freude und eine große Hoffnung war ihr Sohn. Sie verwöhnten ihn, so gut es in diesen bedrängten Verhältnissen ging; er war nicht anspruchsvoll und trug von der Schule immer gute Noten heim. Als Schreinerlehrling konnte er etwas zur Familienkasse beitragen, und nach der bevorstehenden Gesellenprüfung sollte das noch besser werden. Da kam der Krieg, und der junge Augustin wurde im August 1939, als die Kasernen die Rekruten regelrecht einsogen, zur Infanterie eingezogen. Meine Mutter, deren beide Söhne auch zur Hitler-Wehrmacht gezwungen wurden, und Frau Augustin unterhielten sich oft darüber, wie denn das alles noch enden solle.

Da kam also im Sommer 1940 der Briefträger, den Mutter Augustin jeden Tag gefragt hatte, ob er nicht einen Feldpostbrief von ihrem Sohn dabei habe. Zwei Tage lang hatte er „leider nein“ gesagt, obwohl er einen Brief hatte, aber einen, den er sich nicht abzugeben traute und der ihm wie Blei in der Posttasche lag. Er überlegte zwischendurch immer wieder, ob er den Brief nicht einfach vernichten solle. Aber das schien ihm doch eine zu feige „Lösung". Außerdem wäre es, wenn es aufkam, strafbar gewesen.

Eben diesen Brief zeigte der Postbote nun meiner Mutter und fragte ganz verstört, was er machen solle. Absender des Briefes war Frau Augustin, Adressat war der Sohn unter der fünfstelligen Feldpostnummer. Auf der Rückseite war dick blau aufgestempelt: *„Zurück, gefallen für Großdeutschland"*.

Da erschrak meine Mutter, sie verstummte, es kamen ihr die Tränen. Es dauerte lange, bis sie sich wieder gefaßt hatte und, neben ihr der Briefträger, bei der Nachbarin läutete. Sie zeigte ihr stumm den Brief, den Stempel auf der Rückseite. Was die beiden Frauen dann gesprochen haben, habe ich nie erfahren. Ich weiß nur, daß meine Mutter immer wieder Angst hatte, wenn der Briefträger bei ihr läutete, um Feldpostbriefe von meinem Bruder und von mir zu bringen.

Eheschließung im Elsaß

Zurück ins Elsaß. Am 8. Januar 1941 heirateten wir in der Wallfahrtskapelle Oderen, einem stillen Dorf im schönen Thurtal. Die Schwiegermutter hatte in ihrem Haus in der grand' rue (die die Nazis gleich in „Bismarckstraße" umbenannt hatten) ein Hochzeitsmahl für einen kleinen Kreis vorbereitet. Daran konnten nur die Eltern und Geschwister meiner Braut, Mathilde und Eduard, dazu eine Freundin von ihr teilnehmen, außerdem meine Mutter, die dafür eine Reisegenehmigung erhalten hatte. Mein Bruder Max hatte keinen Urlaub bekommen. Der Schwiegervater hielt eine schöne Festrede. Am nächsten Tag fuhren wir nach München, anschließend machten wir ein paar Tage Urlaub in Tirol.

Diplom-Volkswirt-Examen im Studienurlaub

Durch einen schönen Zufall bot sich gerade in diesen Flitterwochen die Möglichkeit eines Studienurlaubs. Wer sein Studium nämlich noch nicht beendet hatte, konnte ein oder zwei Semester Studienurlaub bekommen. War das noch eine Chance für mich? Eigentlich war ich ja schon mit meinen sämtlichen Prüfungen fertig.

Da fiel mir ein, daß ich nicht nur das juristische Assessor-Examen bestanden und nicht nur den Dr. jur. erworben hatte, sondern Wirtschaftsjurist werden wollte. Der mir bekannte und hochberühmte Wirtschaftsprofessor Adolf Weber bestätigte mir, daß mein Berufsziel als Wirtschaftsjurist noch nicht erreicht sei und daß ich noch ein oder zwei Semester studieren müsse, um mein Gesamtstudium mit dem „Diplom-Volkswirt“ abschließen zu können. Das überzeugte allerdings die Offiziere meiner Kompanie nicht, sie lehnten den Studienurlaub ab.

Da meldete ich mich zum Rapport beim Sanitätsgeneral des Luftgaus VII in der Prinzregentenstraße.

Das wurde eines der skurrilsten Erlebnisse meiner Militärlaufbahn: Ich mußte mit Stahlhelm und „umgeschnallt“ im Vorzimmer des Generals eine gute Stunde warten. Endlich ging die Tür auf, und der General sagte in außerordentlich höflichem Ton zu mir: „Bitte nehmen Sie Platz.“ Da er in der Regel ja wohl nur höhere Herrschaften zu Besuch hatte, mag ihm diese Einladung so zur Routine geworden sein, daß er sie auch auf mich anwendete. Das dürfte das einzige Mal bei der ganzen großdeutschen Wehrmacht gewesen sein, daß ein Gefreiter beim Rapport einen Platz angeboten bekam. Die Umgebung des Generals, ein Offizier und zwei Feldwebel, mußten hingegen stehenbleiben.

Ich bat nun um den Studienurlaub und hatte auch die Texte der entsprechenden Verordnung mitgebracht. Der

General schaute sich das flüchtig an, blickte etwas fragend auf den Major und sagte: „*Das können wir doch eigentlich machen. Rufen Sie bitte an. Der Gefreite bekommt Studienurlaub, in Zivil.*“

Ich war also für einige Monate wieder Mensch. In der Lindwurmstraße 24 beim Goetheplatz hatten wir in Untermiete zwei Zimmer bei einer Arztwitwe aufgetan, die uns sofort riet, erst nach Kriegsende Kinder zu kriegen.

Dazu noch eine amüsante Begebenheit: Als Beurlaubter mußte ich natürlich alle Waffen in der Kaserne in Oberföhring lassen. Nun hatte ich aber mit der Uniform auch das Seitengewehr mit nach Hause genommen. Man forderte mich auf, diese Waffe unverzüglich abzuliefern. Da ich zu studieren hatte, bat ich meine Frau, dieses Mordinstrument zur Kaserne zu bringen. Sie erinnert sich heute noch an die verdutzten Gesichter, die die Herren Vorgesetzten machten, als hier eine junge Frau mit einem Seitengewehr erschien. Dieser ungewöhnliche Waffentransport sprach sich in der Baracke herum und löste ein schallendes Gelächter aus.

Die nächsten Wochen nutzte ich zur Vorbereitung auf das Examen und erwarb so im April 1941 den Titel eines Diplom-Volkswirtes. Wir hatten dazu nur eine Klausur zu schreiben *("Die volkswirtschaftliche Bedeutung des Zinses")* und eine zweistündige mündliche Prüfung abzulegen.

Als Unsoldat nicht nach Rußland

Anschließend mußte ich nun wieder „zur Truppe“. Da ereignete sich im Frühjahr 1941 eine entscheidende Wende in meiner militärischen Laufbahn: Ich wurde nach Berlin zu einem 6-Wochen-Lehrgang für Ausbilder im Sanitätsdienst abgeordnet. Meine vorgesetzten Truppenärzte waren offenbar froh, daß sie mich „Usoldaten“ (so nannten die Schwaben mich Unsoldaten) loswurden. In Berlin hörte ich beim Aufwachen in der Kaserne am Sonntag, dem 22. Juni 1941, die Sondermeldung von dem Angriff Hitlers auf die Sowjetunion.

Ich kam dann nicht mehr zu meiner „Einheit" zurück, sondern wurde Leiter der Sanitätsausbildungsabteilung der Luftschutzschule beim Luftgau VII. Die übrigen Mitglieder meiner (ehemaligen) Sanitätskompanie kamen im Lauf der nächsten Monate nach Rußland. Dort schlug eine Granate genau an dem Beifahrersitz des Sanitäts-Kraftwagens ein, auf dem sonst immer ich zu sitzen hatte. Mein „Nachfolger" – ich meine, er hieß Öhler – war sofort tot.

Drei Jahre Sanitätsdienst-Ausbilder im „Heimatkriegsgebiet"

Das Glück, das Schicksal, die Vorsehung oder wie immer man es nennen mag, begünstigte mich weiterhin in einer geradezu beängstigenden Weise. Ich blieb vom Sommer 1941 bis zum Sommer 1944 als Ausbilder für Sanitätskurse in einem militärischen Barackenlager an der Knorrstraße in München.

Alle 8 bzw. 14 Tage kamen von überall her Soldaten angereist, die ich in Erster und (wie ich makabererweise gelegentlich hinzusetzte) „Letzter" Hilfe zu unterrichten hatte. Ich bereitete mich gut vor, so daß meine Kurse beliebt waren und ich bei dieser Luftschutzschule als gut qualifizierter Ausbilder bleiben konnte: Montag Knochengerüst, Dienstag Blutkreislauf, Mittwoch Kampfstoffe, Donnerstag wichtige Einzelfälle: Abbinden von Blutungen, Transport Verwundeter mit und ohne Trage, Freitag Geländeübungen mit Auffinden und Behandeln (Schein-)Verwundeter. Ich würzte meinen Unterricht mit einigen Gags, so daß er recht unterhaltsam wurde.

Mit einer Bemerkung allerdings wäre ich beinahe hereingefallen: Als von Blutübertragung die Rede war und man wissen mußte, daß vor jeder Blutübertragung die Blutgruppen des Spenders und des Empfängers festgestellt werden müssen, streute ich die Frage ein, wie es denn zu handhaben sei, wenn ein Verwundeter zum Beispiel die Blutgruppe B habe, unter den zur Verfügung stehenden Soldaten aber keiner mit dieser Blutgruppe zu finden sei, sondern lediglich ein gefangener Marokkaner die Blutgruppe B habe? Darf nun von einem so Fremdrassigen das Blut auf einen arischen Soldaten übertragen werden, ohne daß dieser für seine Moral und seine Weltanschauung fürchten müsse? Als diese Frage höherenorts bekannt wurde, hat man mich zurechtgewiesen, und ich hätte beinahe meinen Posten verloren. *„Machen Sie keine so blöden Witze, die Zeiten sind ernst!"*

Kommandeur dieser Luftschutzschule war ein älterer Oberstleutnant namens Trirenberg, der zur sogenannten Führerreserve abgestellt war. Das waren für den eigentlichen Krieg nicht mehr recht brauchbare Offiziere. Besondere Merkmale dieses Oberstleutnants waren Habsucht und Dummheit.

Die Habsucht äußerte sich darin, daß er sich „außer Verpflegung" setzen ließ, (das heißt, mit offeiziellen Essenmarken sich seine Mahlzeiten selbst besorgte und dafür Verpflegungsgeld bekam) aber gleichwohl Leberwurstbüchsen, Zucker und andere Dinge aus der Truppenküche bezog. Das war übrigens nicht ungefährlich und hätte unter Umständen auch als Kriegswirtschaftsverbrechen mit dem Tode bestraft werden können. Die gelegentlichen Anregungen meiner Stubengenossen, ich sei doch eigentlich Jurist und müßte das anzeigen, habe ich natürlich nicht befolgt, denn selbst wenn man den Oberstleutnant hingerichtet hätte, wäre ich in dieser Truppe nicht mehr tragbar gewesen, weil es psychologisch einfach unmöglich ist, einen Soldaten, der sich gegen einen Vorgesetzten durchgesetzt hat, bei der Truppe zu lassen.

Die Dummheit des Oberstleutnants bestand unter anderem darin, daß er dieselbe Ansprache, die er zu Beginn jedes Kurses jeweils am Montag früh an die Kursteilnehmer hielt, unverändert auch an die Nachrichtenhelferinnen und sonstigen weiblichen Wehrmachtsangehörigen hielt, die in den späteren Jahren meinen Kurs besuchen mußten. In dieser Routineansprache fand sich auch der markige Hinweis, daß wir schließlich in einer Großstadt lebten und daß wir keine Kinder mehr seien und daß der eine oder andere nach irgendwelchen Erlebnissen das Bedürfnis habe, „saniert" zu werden. Sanieren sei in solchen Situationen Pflicht. Unter „Sanieren" war zu verstehen, daß man nach einem intimen Verkehr die Sanitätsstube aufzusuchen hatte, damit man eine desinfizierende Spritze gegen venerische Krankheiten in den zuständigen Körperteil bekam. Derlei Verrichtungen oblagen nun mir, weil ich das Revier zu betreuen hatte.

Dieselbe Rede hielt der Kommandeur, wie gesagt, auch vor den weiblichen Kursteilnehmern. Die Folge war, daß eines Nachts eine junge Dame zu mir kam und „saniert" werden wollte. Dazu fehlte es mir nun doch ein bißchen an gynäkologischer Vorbildung. Ich rief daher den Truppenarzt an, der in einer einige Kilometer entfernten Kaserne zu erreichen war. Der fluchte zwar fürchterlich und fragte, warum ich ihn mitten in der Nacht weckte. Ich sagte ihm, ich hätte pflichtgemäß zu melden, daß hier eine Wehrmachtangehörige saniert werden wolle. Ich schrieb dann der jungen Dame auf, wo sie hingehen müsse, und schickte sie auf eine etwa einstündige nächtliche Wanderung, bei der sie die Erlebnisse des vergangenen Abends rekapitulieren konnte.

Als Hauptfeldwebel hatten wir einen etwa dreißigjährigen Elektrohandwerksmeister aus Württemberg. An ihm fielen mir zwei Dinge auf: seine ruhige, geradezu seriöse, fast etwas melancholische Art, die sehr im Gegensatz zu den übrigen Hauptfeldwebeln mit ihrer sinnlosen Lebhaftigkeit und Schreierei stand, und das Eiserne Kreuz Erster Klasse an seiner Uniform. Diese für einen Feldwebel seltene Auszeichnung hatte er dafür bekommen, daß er als vorgeschobener Posten mit seinem Maschinengewehr etwa zweihundert russische Soldaten *„wie bei einer Hasenjagd"*, so sagte er wörtlich, ohne die Nerven zu verlieren „niedergemacht" hatte. Sie waren aus dem Wald heraus über einer Ebene auf seinen Hügel zugestürmt und hatten sich schutzlos seinem Abwehrfeuer preisgegeben. Das bedrückte ihn immer wieder: *„Die hatten doch auch Eltern, Geschwister und Kinder."*

Bei der Niederschrift dieser Zeilen denke ich natürlich an die Piloten, die ungleich mehr Menschen durch ihre Bombenabwürfe, unter anderem auf Coventry, London, Hamburg, Dresden, Würzburg und Hiroshima verstümmelt und ums Leben gebracht haben. Ich meine, man müßte nicht nur mit den Opfern Mitleid haben, sondern auch mit den Scharfschützen, Jagdfliegern, Bomberpiloten, Minenlegern usw. Wie wird ihnen in stillen Stunden und bei ruhiger Überlegung zumute sein? Unser Hauptfeldwebel sprach jedenfalls immer wieder von seinem schrecklichen Erlebnis, als wollte er sich das alles von der Seele reden und so allmählich aus seiner Erinnerung löschen.

Wie glücklich darf ich mich schätzen, daß ich nicht nur selber nicht erschossen worden bin, sondern auch nie auf andere schießen mußte!

Beinahe

Am 26. Mai 1944 meldete der deutsche Wehrmachtbericht über Kampfhandlungen vom Tag vorher: *„Nordamerikanische Bomber griffen mehrere Orte in den be-*

setzten Westgebieten sowie Städte im südwestdeutschen Grenzgebiet an. Besonders in Mülhausen entstanden Schäden. Die Bevölkerung hatte Verluste."

Dabei wäre ich beinahe getroffen worden. Dieser 25. Mai war einer jener Samstage, an denen ich zu meiner Frau nach Thann im Elsaß fuhr, um dann am Sonntag wieder zu meiner Einheit nach München zurückzufahren.

Der Fronturlauberzug, aus dem ich dann jeweils in die Lokalbahn nach Thann umsteigen mußte, kam immer um 16 Uhr 23 in Mülhausen an. Das wußten natürlich auch die Alliierten und griffen just in dieser Minute den Bahnhof an, auf dem es dort von deutschen Soldaten wimmelte. Sie kamen aber diesmal ein oder zwei Minuten zu spät, so daß der für den Bahnhof zuständige Major noch laut seine Befehle geben konnte: „*Alles in den Luftschutzkeller! Feindliche Flugzeuge sind im Anflug.*" Diesen Befehl befolgten viele nicht, weil die Flugzeuge erfahrungsgemäß Mülhausen nur überflogen, um nach Deutschland zu kommen.

Ich wollte mich eigentlich auf der Bahnhof-Waschanlage rasieren. Nun aber ging ich sofort die Treppe zur Unterführung hinab. Diese Unterführung war mit dicken gegeneinander versetzten Betonmauern abgeteilt, so daß man von einer Art Luftschutzkeller sprechen konnte. In dem Augenblick, in dem ich mich hinter eine solche Wand begeben hatte, schlug mit fürchterlichem Krach eine Bombe am oberen Ende der Treppe auf. Ich sah noch den Stabsarzt, der hinter mir auf die Treppe zugegangen war, heruntertorkeln. Ihm war die Aorta zerrissen, so daß das Blut meterweit spritzte.

Der Angriff war in wenigen Minuten zu Ende, und ich ging schnell wieder zum Bahnsteig hinauf, wo schon ein Offizier stand, der alle Soldaten in Reih und Glied antreten ließ, um die Verwundeten zu versorgen, sich nach den Toten umzusehen und die Schäden an den Gleisen zu beheben.

Ich zeigte dem Offizier, der den Einsatz organisierte, das Verbandpäckchen, das jeder Sanitätsdienstgrad immer bei sich haben mußte, und meldete mich ab: „*Obergefreiter Gritschneder meldet sich hiermit befehlsgemäß zum Standortarzt ab, um Erste Hilfe zu leisten.*“ „*Hauen Sie ab, und beeilen Sie sich*“, war die Antwort. Ich kam auch an dem Waschraum vorbei, in dem ich mich rasieren wollte, und sah dort einen Toten liegen, dessen Luftwaffenuniform offenbar von der Hitze der Explosion hellblau verfärbt war.

Ich ging dann zu einer meiner Schwiegermutter bekannten Familie in Mülhausen, lieh mir ein Fahrrad und fuhr, etwa 25 Kilometer, schleunigst nach Thann.

Bis zum nächsten Morgen war der Schaden am Bahnhof in Mülhausen behoben, und ich konnte nach München zurückkehren.

Wie mein Bruder Max gerade noch davonkam

Während eines besonders langweiligen Telefonbereitschaftsdienstes in unserer Luftwaffen-Luftschutzschule blätterte ich im Luftwaffen-Verordnungsblatt. Ich entdeckte zufällig den umständlichen Erlaß über Heimaturlaub für Frontsoldaten, wenn ein schwerer Bombenangriff ihre Familie getroffen oder ihre Unterkunft zerstört hatte.

Nun hatte zufällig in der vergangenen Nacht das Berchmanskolleg der Jesuiten in Pullach einen Bombenangriff erlitten. Das Studienzimmer meines Bruders, der jetzt an der Ostfront stand, war völlig ausgebrannt. Da rief ich den Verwaltungspater Lothar König (der gegen Kriegsende monatelang im Kohlenkeller versteckt werden konnte) an und legte ihm nahe, sich von der Gemeinde den Totalschaden der Unterkunft meines Bruders bestätigen zu lassen, diese Bestätigung auf dem Telegrammweg an die Infanteriekompanie meines Bruders zu senden und um „Bombenurlaub“ für ihn zu bitten.

Schon am nächsten Tag kam ein Motorradmelder an den Schützengraben herangefahren, in dem mein Bruder lag, und holte ihn zum Kompanieführer zurück. Der zeigte ihm das Telegramm und hoffte, daß keine Angehörigen getroffen worden seien. Den Bombenurlaubsschein hatte er bereits ausfüllen lassen, so konnte mein Bruder Max sofort den Urlaub nach München antreten.

Als er sich nach einigen Tagen wieder bei der Truppe zurückmelden wollte, erfuhr er, daß seine Einheit in ein mörderisches Angriffsfeuer der Russen geraten war und daß die wenigen, die übrigblieben, gefangengenommen worden waren.

Von einem irgendwie zuständigen Kommandanten bekam Max dann noch Urlaub für seine auf Wunsch des Provinzials Rösch wegen des Krieges vorgezogene Priesterweihe am 28. März 1943. Kardinal Theodor Innitzer nahm diese Priesterweihe in seiner Hauskapelle in Wien vor, und unsere Mutter und ich waren die ersten, denen der neugeweihte Priester seinen Primizsegen spendete.

Dazu ein „einschlägiges Kriegserlebnis“ meiner Mutter: Eines Tages kam der NS-Zellenwart Reichenbach vom Haus nebenan zu ihr. Er brauchte die Feldpostnummer meines Bruders Max. Man wolle Pakete an die Front schicken. Meine Mutter bat ihn sehr höflich ins Wohnzimmer und schrieb ihm eine Feldpostnummer auf. Nach einigen Wochen kam Reichenbach wieder: Mit der Nummer müsse ein Schreibversehen passiert sein, das Päckchen sei zurückgekommen. Da gab ihm meine Mutter wieder einen Zettel mit einer Feldpostnummer. Auch mit dieser Nummer kam das Päckchen zurück, eine solche Nummer gebe es nicht. Nun tat meine Mutter sehr betrübt, sie wisse auch nicht weiter. In Wirklichkeit hatte sie dem NS-Funktionär absichtlich falsche Feldpostnummern aufgeschrieben. Da mein Bruder ja Jesuit war, kam ihr die Geschichte mit der Sendung von Paketen an die Front irgendwie verdächtig vor. Offenbar wollte man nur wissen, wo ihr Sohn Max zu erreichen sei.

Diese Vermutung stimmte mit dem überein, was der Jesuitenprovinzial Augustinus Rösch mir schon gesagt hatte: Man wolle, so argwöhnte er wohl nicht ohne Grund, die Jesuiten zusammenfassen und ähnlich wie die Zigeuner in Lagen konzentrieren, um sie dann irgendwie zu beseitigen.

Nach einigen Monaten Hin und Her wurde Max an die Nordfront versetzt, wo der fanatische General Ferdinand Schörner (er wurde nach dem Krieg wegen Totschlagsverbrechen an deutschen Soldaten zu viereinhalb Jahren Gefängnis verurteilt) in verlustreichen Kämpfen gegen die russische Übermacht standzuhalten versuchte. Da hatte Max einen buchstäblich lebensrettenden Gedanken: Er schrieb, auf dem Dienstweg natürlich, einen Brief an das Oberkommando der Wehrmacht, er habe gehört, daß die Jesuiten gemäß einem ausdrücklichen Führerbefehl keinen Wehrdienst leisten dürften. Zu seiner inneren Sicherheit bat er nun um einen Bescheid darüber, ob er seinen Frontdienst abbrechen müsse.

Die deutsche Bürokratie funktionierte auch bei der Wehrmacht ausgezeichnet. Bereits nach vier Tagen kam von ganz oben der Bescheid, daß der Gefreite Jesuitenpater Max Gritschneder sofort aus der Wehrmacht zu entlassen sei. So bekam mein Bruder einen von General Schörner persönlich unterschriebenen Entlassungsschein. Er wußte nicht recht, was er den „Kameraden“ antworten sollte, die ihn bestürmten, ob sie nicht auch in den Jesuitenorden aufgenommen werden könnten. Sie würden auch rückwirkend für drei Jahre den Mitgliedsbeitrag zahlen.

Max konnte eines von den beiden Schiffen besteigen, die noch über die Ostsee nach Danzig fuhren. Sein Schiff erreichte die Küste, das andere wurde torpediert und versank mit mehreren Hundert Passagieren.

Er zog dann nach Gut Donnersberg bei Ingolstadt, wo schon meine Mutter und einige Jesuiten Zuflucht gefunden hatten, darunter auch der spätere Kardinal Alois Grillmeier.

So überlebte auch mein Bruder den Hitlerkrieg und konnte viele Jahre unter anderem als Seelsorger und Lehrer im Kolleg St. Blasien wirken, bis er am 10. April 1983 mit 67 Jahren einem Herzversagen erlag.

Ab nach preußisch Saalow

Im August 1944 kam von der Luftgau-Sanitätsverwaltung jemand darauf, daß ich eigentlich KV (kriegsverwendungsfähig) sei, als Jahrgang 1914 ohnedies zu den aktiven Jahrgängen gehöre und eigentlich zur Auffüllung der Lücken an der Front dienen könne. Damit begann nun das letzte Kapitel meiner Wehrmacht-"Karriere", und das wäre beinahe schiefgegangen.

Ich wurde zur Luftwaffen-Sanitätsersatzkompanie nach Saalow abgeordnet, wo sich alle Sanitätssoldaten und Sanitätsdienstgrade einzufinden hatten, die irgendwo übriggeblieben waren. Saalow war ein gottverlassenes preußisches Nest.

Schon der Empfang bei dieser Ersatzkompanie war für das schlechte Gewissen und die Ängste der Nazis kennzeichnend: Man mußte, je länger dieser mörderische Krieg die Truppe ausblutete, immer mehr fürchten, daß der eine oder andere sich selbst einen Sonderurlaub genehmigte oder überhaupt nicht mehr kam. Daher gab es in Saalow eine eigene Empfangskommission, bei der jedem Ankömmling anhand von Kursbüchern und Fahrplänen genau nachgerechnet wurde, welche Verkehrsmittel er benutzt hatte und wie lange er für seine Reise brauchen durfte. Für jede Stunde, die einer zu spät kam, gab es einen Tag Arrest. Wer mehr als 24 Stunden zu spät kam, gegen den wurde „Tatbericht wegen unerlaubter Entfernung von der Truppe" eingereicht, was dann zu einem Kriegsgerichtsverfahren führte und auf irgendeine Weise, etwa durch Versetzung zu einer sogenannten Bewährungseinheit, tödlich enden konnte.

Bei diesem „Ersatz-Haufen" schlug man die Stunden und Tage tot, bis man eines Morgens beim Appell aufgerufen wurde, um irgendwohin abkommandiert zu werden. Wer Glück hatte, konnte zum Beispiel nach Mailand zum dortigen Standort-Sanitätsoffizier kommen. Die meisten hatten aber Pech und wurden zu irgendwelchen Bodentruppen im Osten abgestellt, um noch in letzter Minute als Kanonenfutter zu dienen.

Nach zwei oder drei Wochen wurde auch mein Name aufgerufen. Wir sollten uns unter dem Stichwort „Tosca II" melden. Das war wieder eine lebensgefährliche Situation, denn wer „um 13 Uhr 30 am Schlesischen Bahnhof" zu erscheinen hatte, der mußte mit allem rechnen. Ich meldete mich, das ist immer ein allerletzter Ausweg, bei dem diensttuenden Unteroffizier krank. Der schickte mich sofort in die Sanitätsbaracke, wo gar nicht so viele Leute anstanden, die dann zügig ins Revier zur Untersuchung gerufen wurden.

Auf dem Weg zum Revier las ich (das ist eine alte Gewohnheit von mir) die Türschilder. Auf einem stand „Oberstabsarzt Dr. ...". Daneben war die Revierstube mit einer Reihe von jüngeren Ärzten, die alle einen weißen Kittel anhatten. Ich meldete, daß ich schreckliche Halsschmerzen hätte und schon ein paarmal an den Mandeln operiert worden sei. Bevor ich wieder zur Front käme, wollte ich doch gerne diese Mandeln „raushaben, um nicht gleich wegen Krankheit zurückgeschickt zu werden". Einer der Ärzte guckte kurz in meinen Rachen und diktierte dann der neben ihm sitzenden Wehrmachtschreiberin: *„Obergefreiter Otto Gritschneder, tonsillitis* *chronica", also „chronische Mandelentzündung".*

Nun hatte ich bemerkt, daß die Schreiberin neben der Schreibmaschine Krankenscheine liegen hatte, die bereits von dem Oberstabsarzt unterschrieben waren, dessen Namen ich nebenan auf dem Türschild gelesen hatte. Der war natürlich zu dieser Zeit noch nicht im Dienst. Die Sekretärin spannte den blanko unterschriebenen Krankenschein in die Maschine und fragte mich leise und ängstlich: *„Ich bin erst seit kurzem hier. Was hat er gesagt?"* Ich antwortete: *„Machen Sie sich keine Sorgen. Ich diktiere Ihnen diese lateinischen Brocken."* So buchstabierte ich zunächst „tonsillitis chronica" und dann auch gleich noch „Myokardschaden, Struma". Das heißt soviel wie Herzschaden und erhöhter Grundumsatz.

Mit diesem Schein begab ich mich zur Geschäftsstelle, wo der Hauptfeldwebel prophetisch bemerkte: *„Lassen Sie sich nur gleich im Lazarett in Berlin ausheilen. Wir warten auf Sie."*

Überraschung im Lazarett 145 in Berlin

So zog ich also in das Lazarett 145 in Berlin. Auf dem Weg zum Krankenzimmer las ich wieder die Türschilder und fand auf einem die überraschende Angabe: „Sanitätshauptfeldwebel Dr. Treitschke". War das vielleicht ein Nachkomme des bekannten Historikers und extrem nationalistischen preußischen Schriftstellers Heinrich von Treitschke, dieses wichtigsten publizistischen Mitarbeiters Bismarcks, des „Herolds der Reichsgründung"?

Ich legte mich nun, wie von der Oberschwester befohlen, ins Bett. Mein Fieber wurde gemessen, und meine Personalien wurden aufgeschrieben. Dann bat ich die Stationsschwester, sie möge mich doch beim Herrn Sanitätshauptfeldwebel anmelden, ich hätte ihm etwas mitzuteilen. Nach etwa einer Stunde kam sie wieder und sagte: *„Sie können runterkommen zum Hauptfeldwe-*

bel." Ich zog meine Uniform wieder an und klopfte bei Dr. Treitschke: „*Obergefreiter Gritschneder bittet eintreten zu dürfen.*" Die Antwort war ein lauttönendes „*Herein!*"

Ich traute meinen Augen nicht: Am Schreibtisch saß, die Füße auf dem Tisch, der Sanitätshauptfeldwebel: „*Setzen Sie sich nur hin!*" Dabei ließ er den Radioapparat weiterlaufen, in dem eben der englische Sender Nachrichten für deutsche Soldaten brachte. Ich hörte dort, daß die Reichsregierung aus Ersparnisgründen für die Toten Papierhemden lieferte und daß soundsoviele deutsche Flugzeuge abgeschossen worden waren. Treitschke stellte das Radio etwas leiser, so daß man sich verständigen konnte. Er ließ mich gar nicht zu Wort kommen, sondern sagte gleich von sich aus, meinen innersten Wunsch merkwürdigerweise erfühlend: „*Das machen wir sehr einfach. Sie bekommen einen Marschbefehl: Verlegung von Luftgau zu Luftgau. Vorher gehen Sie aber zum Luftfahrtministerium in die Wilhelmstraße und telefonieren das Lazarett in Oberföhring bei München an, ob ein Bett für Sie frei ist.*" Meinen Krankenschein hatte er offenbar gelesen. Ich konnte nur noch sagen: „*Jawohl, Herr Hauptfeldwebel!*" Er schob mich zur Türe hinaus und sagte noch: „*Aber beeilen Sie sich. Die ganze Scheiße dauert nicht mehr lange.*"

So ging ich also noch am Abend dieses Tages in die Wilhelmstraße zum Luftfahrtministerium. Dort konnte man noch nach München telefonieren. Das Gespräch wurde ohne weiteres genehmigt, aber ein Luftwaffeninspektor hörte an einem eigenen Hörer mit. Ich rief das Luftwaffenlazarett in München an und hatte das Glück, daß sich dort gleich der Unteroffizier Edi-Günther Mayer meldete. Edi-Günther Mayer war der Allgewaltige des Luftwaffenlazaretts; er beherrschte die Schreibstube, und den Ärzten war es völlig gleich, was er ihnen zur Unterschrift vorlegte. Ich kannte ihn nur vom Hörensagen und per Telefon, weil er immer die Wehrmachtangehörigen, die er verstecken wollte, auf meinen Sanitätskurs in der Luftschutzschule geschickt hatte.

Ich teilte Edi-Günther Mayer vorsorglich, um keine unerwünschte Antwort zu bekommen, mit, daß ich ein wichtiges Amtsgespräch zu führen hätte und daß hier selbstverständlich mitgehört würde. Es handle sich darum, ob ein Bett für mich im Luftwaffenlazarett in München frei sei, denn ich müsse wegen meiner bekannten komplizierten Mandelgeschichte in München von dem Arzt operiert werden, der mich schon einmal behandelt habe.

Unteroffizier Mayer verstand mich sofort, und Edi-Günther – übrigens Cartell-Bruder und juristischer Kollege von mir – sagte sofort zu und teilte mit, daß man mich in München erwarte. Eine Notiz dieses Inhalts drückte mir der mithörende Luftwaffeninspektor in die Hand, und so machte ich mich auf den Rückweg ins Lazarett.

Der verzögerte sich aber etwas, weil mich die Feldpolizei festnahm, denn in meinem Soldbuch fehlte irgendein Eintrag. So kam ich in einen großen Saal irgendwo in der Stadt und bekam die Nummer 149, war also offenbar der 149. „Aufgriff“ dieses Tages. Hier saßen Deserteure, Spione, Leute, die eine unzulässige Uniform trugen und sonstiges Deliktvolk. Ich bat gleich darum, Herrn Sanitätsfeldwebel Dr. Treitschke anrufen zu dürfen, der bestätigen würde, daß es sich bei mir lediglich um eine Kleinigkeit im Soldbuch handle und daß ich ganz ordnungsgemäß als Patient im Lazarett gemeldet und eingetragen sei. Das war in wenigen Minuten erledigt, und so konnte ich mich wieder ins Lazarett begeben.

Am nächsten Morgen erhielt ich den Marschbefehl nach München. Auf meine Bitte bekam ich noch die Erlaubnis, mich einen Tag in Ingolstadt aufzuhalten, um meine Mutter zu besuchen, die ja im dortigen Klostergut

Donnersberg evakuiert war. Von dort aus telefonierte ich dann nach Baumburg bei Trostberg, wo meine Frau mit den zwei Kindern Marianne und Martin untergebracht war, daß ich auf dem Weg ins Lazarett in Oberföhring sei.

Ich habe immer wieder darüber nachgedacht, was es mit diesem Berliner Lazarett eigentlich für eine Bewandtnis gehabt haben konnte. Ein Hauptfeldwebel, der den englischen Sender hörte, hätte sowieso zum Tode verurteilt werden müssen. Und ein Hauptfeldwebel, der einem Frontunwilligen sofort ansieht, daß er nach München verschwinden will, und der dieses Verschwinden organisiert, müßte ebenfalls zum Tode verurteilt werden. Ich finde nur die Erklärung, daß das ganze Lazarett ein gut organisiertes Unternehmen zur Vermeidung von Frontabstellungen war. Vielleicht spielte bei meiner so überraschenden Versetzung nach München aber auch die Absicht eine Rolle, möglichst viele Patienten wieder los zu werden.

Was aus diesem Lazarett letzten Endes wurde, habe ich leider nie erfahren.

Endstation Luftwaffenlazarett München

Nun kam ich also in München in die Abteilung 5 des Lazaretts in Oberföhrung und fand in dem Stationsarzt wieder einen regelrechten Lebensretter. Das war der Hals-, Nasen- und Ohrenspezialist Dr. Franz Gerber, der dort als Stabsarzt Dienst zu tun hatte. Er ahnte mein Anliegen, über das wir nie ein Wort verloren, und schrieb mich monatelang krank.

Im Lazarett lernte ich natürlich viele Ärzte und sonstiges Sanitätspersonal kennen und konnte auch in Edi-Günther Mayers Schreibstube mitarbeiten, wo unendlich viel Papierkram zu erledigen war. Unser Bemühen war, alle echten Nazis wieder loszuwerden und die Nichtnazis zu behalten, denn es war wohl abzusehen, daß Schwierigkeiten entstehen würden, wenn die Amerikaner nach München kamen. Dabei sollte nicht irgendein NS-Narr das Lazarett zu verteidigen versuchen.

Ich wurde dann als Schreiber dem NS-Führungsoffizier Dr. Alexander Wallnöfer zugeteilt. Wallnöfer war am 9. November 1923 dabeigewesen, als Hitler mit seinem bewaffneten Haufen zur Feldherrnhalle marschierte, und hatte dafür den Blutorden bekommen, dessen breites blutrotes Band im Knopfloch der Uniform getragen wurde.

Bei diesem Lazarettaufenthalt ereigneten sich einige sonderbare Dinge, die für das Ende des hitlerschen Regimes typisch waren.

Als Beisitzer beim Kriegsgericht

Einmal wurde ich als Beisitzer zu dem Kriegsgericht befohlen, das im Herbst 1944 im Speisesaal des Lazaretts tagte. So ein Kriegsgericht bestand aus dem vorsitzenden Kriegsgerichtsrat, einem Offizier und einem Soldaten im Range des Angeklagten. Angeklagt war ein achtzehnjähriger Luftwaffensoldat, daher mußte der Beisitzer auch dem Mannschaftsstand angehören, und das war bei mir als Luftwaffensanitätsobergefreiten ja der Fall.

Der Angeklagte hatte, so die Anklageschrift, immer wieder Fieber vorgetäuscht, also eine Kriegsverwendungsuntauglichkeit vorgespiegelt. Zeugen waren die Ärzte des Lazaretts, die den Angeklagten wiederholt untersucht hatten und nun bestätigten, daß sie keinen Grund für die bei ihm angezeigten Fiebergrade finden konnten. Der Patient habe möglicherweise mit den Analmuskeln am Fieberthermometer gedrückt und gerieben, bis das Quecksilber über 38 Grad gestiegen sei.

Als die Chancen für den jungen Mann, dessen Mutter ängstlich im Zuhörerraum die Verhandlung verfolgte, immer schlechter wurden und der Staatsanwalt das todeswürdige Verbrechen der Wehrdienstpflichtentziehung so gut wie bewiesen sah, hatte ich einen rettenden Einfall, auf den ich heute noch ein wenig stolz bin. Ich bat den Vorsitzenden, trotz der vorgerückten Stunde nun doch auch noch den Nervenarzt und Psychiater des Lazaretts zu befragen; das war der mir wohlbekannte Facharzt Dr. Ernst Freiherr von Amelunxen. Ich erlaubte mir, ihm folgende Frage zu stellen, die ich in der Verhandlungspause mit ihm schon vorsorglich besprochen hatte: „*Ist es nach den neuesten Erkenntnissen der psychiatrischen Wissenschaft ausgeschlossen, daß bei einem etwas introvertierten spätpubertären jungen Mann febrile Erscheinungen durch psychische Vorstellungen erzeugt werden können?*“

Stabsarzt von Amelunxen bestätigte dem Gericht unter Eid, daß man das nicht ausschließen könne. Der Staatsanwalt beantragte dennoch die Todesstrafe: „*Wer im fünften Kriegsjahr den Führer durch solche verwerflichen Tricks im Stiche lassen will, hat nicht verdient, den Endsieg mitzuerleben.*“ Der Verteidiger, ein Münchner Anwalt, plädierte etwas verlegen: Wenn der junge Mann schon eine Unbesonnenheit begangen haben sollte, wäre jedenfalls eine milde Strafe angebracht.

Bei der Urteilsberatung wurde ich als Jüngster zuerst gefragt. Ich hatte einigermaßen Angst, hier einen Freispruch zu beantragen. So wies ich etwas umständlich auf die Aussage des Nervenarztes hin und meinte, daß trotz eines nicht völlig widerlegten Verdachtes doch nicht von einer lückenlos geschlossenen Beweiskette gesprochen werden könne. Psychische Vorstellungen könnten bei dem jungen Angeklagten in der Tat febrile Erscheinungen erzeugt haben.

Als nächster Beisitzer wurde der Offizier befragt, er schloß sich überraschenderweise ohne lange Begründung meiner Auffassung an. „*Dann brauchen Sie meine Mei-*

nung ja nicht mehr zu hören", sagte der Vorsitzende und brachte den freisprechenden Urteilstext zu Papier.

Nie werde ich die Reaktion der Mutter des Angeklagten vergessen, die bei der Urteilsverkündung in Freudentränen ausbrach. Ich freue mich heute noch, daß ich dazu beitragen konnte, wenigstens einen Soldaten vor der Hinrichtung zu retten.

Unvermeidlicher Beifall für den Kreisleiter

Am 16. Dezember 1944 mußten wir eine Durchhalterede des Münchner Kreisleiters Karl Lederer anhören. Das Datum ist mir deshalb in Erinnerung, weil das der Tag der Ardennenoffensive war, mit der Hitler in einer allerletzten Kraftanstrengung die Amerikaner zurückdrängen wollte. Der Kreisleiter teilte ganz emphatisch mit, er habe soeben die Nachricht bekommen, daß der Führer nun damit begonnen habe, die Amerikaner wieder zurück ins Meer zu werfen und daß schon erste Erfolgsmeldungen vorlägen. Die Mitteilung wurde von den Zuhörern mit Beifall und kräftigem Klatschen quittiert. Dummerweise saß ich in der ersten Reihe und mußte natürlich mitklatschen. Das als kleines Beispiel dafür, wie sehr man eben mitmachen mußte, wenn man seinen Kopf aufbehalten wollte.

Eine sehr ausgedehnte Kontrolle im Lungensanatorium am Eibsee

Eines Tages im Dezember 1944 kam ein Fernschreiben vom inzwischen zum Befehlshaber des Ersatzheeres ernannten Heinrich Himmler bzw. von dessen Büro. Mit diesem Schreiben wurde befohlen, das Lungenlazarett am Eibsee bei Garmisch-Partenkirchen durch eine Kommission prüfen zu lassen, denn in einem anonymen Schreiben sei von allerhand Mißständen berichtet worden. Das teilte ich dem Oberstabsarzt Wallnöfer mit, und er bat mich bzw. befahl mir, ihn zu begleiten, denn wir beide seien nun die Prüfungskommission.

Diese Inspektion im Wehrmacht-Lungenkranken-Lazarett Eibsee ist ein besonders wichtiges Kapitel für meine Überlebensbemühungen geworden. Ich tat alles nur irgendwie Mögliche, um diesen Himmler-Auftrag aufzubauschen.

Dazu bot sich reichlich Gelegenheit, denn die Art und Weise, wie dieser allerhöchste Erkundungsauftrag durchzuführen sei, war nicht weiter mitgeteilt worden, und da der Blutordensträger Oberstabsarzt Dr. Wallnöfer keine rechte Lust hatte, blieb es mir überlassen, wie die Sache nun vor sich gehen sollte. Also entwickelte ich einen umständlichen Plan und einen Riesenapparat.

Es begann damit, daß wir, das heißt der Herr Oberstabsarzt und ich, an einem Samstagmittag im Lazarett am Eibsee unangemeldet auftauchten. Den Samstag hatte ich am vorhergehenden Dienstag vorgeschlagen, weil die „Wochenendsituation geprüft werden sollte"; in Wirklichkeit wollte ich gleich von vornherein Zeit schinden, um vielleicht das Kriegsende doch noch zu erleben.

Man sah sofort, daß das Lazarett ärztlich bestens in Schuß war, daß aber alle militärischen Kategorien schrecklich verschlampt waren. Es war ein gemütliches, ordentliches Sanatorium. Ich regte an, die ganze Besatzung, also die Kranken, die das Bett verlassen durften, und die Stammannschaft zu einem Appell zusammenzurufen und ihnen zu erklären, was hier los sei. Das war ein regelrecht gesundheitsgefährdender Vorschlag, denn Lungenkranke, und um solche handelte es sich ja, dürfen psychisch nicht beunruhigt werden und sind ohnedies sehr anfällig für Gerüchte, Nörgeleien, Indiskretionen und so weiter. Da die Kommission aber möglichst autoritativ in Erscheinung treten mußte, hielt ich also, das erste und letzte Mal in meinem Soldatenleben, vor versammelter Front eine kleine Rede, bei der der Oberstabsarzt neben mir stand; er hatte mich ja ermächtigt, in seinem Namen zu sprechen. Es sei also von allerhöchster Stelle hier eine Untersuchung befohlen, so begann ich, deren Einzelheiten im Augenblick noch nicht mitgeteilt werden könnten. Es müsse leider Urlaubssperre verhängt werden, denn alle Anwesenden sollten, soweit sie nicht ohnedies zum Rapport befohlen würden, Gelegenheit haben, sich zu Protokoll dem Herrn Oberstabsarzt und mir gegenüber zu äußern. Das weibliche Wehrmachtsgefolge, also die Bürokräfte, müsse über das Wochenende auch hier bleiben, um die Protokolle zu tippen.

Mein Auftreten muß einen sehr nachhaltigen Eindruck gemacht haben, denn noch 1992 erinnerte sich bei einem zufälligen Telefongespräch eine der betroffenen Schreiberinnen, Frau Johanna Mayer, an meinen Namen und die damalige Untersuchung am Eibsee.

Ich begann sofort mit den Vernehmungen. Die Themen waren immer dieselben: Haben Sie irgendwelche Unregelmäßigkeiten bemerkt? Haben Sie Wünsche oder Beschwerden? Wurde im politischen Unterricht der Völkische Beobachter gelesen? Wie wurden die Luftschutzübungen durchgeführt? Haben Sie bei Ihrem Vorgesetzten irgendetwas Unregelmäßiges bemerkt? Und so weiter. Ich hatte einen imposanten Briefkopf entworfen, den die Schreibkräfte jeweils links oben anbringen mußten: *„Der Sanitätsinspekteur der Luftwaffe, Sonderkommission des Luftgauarztes VII, Oberstabsarzt Dr. Wallnöfer, Protokollführer Sanitätsobergefreiter Dr. Gritschneder“*. Sodann wurde am Kopf jedes Protokollblattes groß und deutlich der Vermerk *„Streng geheim!“* angebracht. Er sollte, wie häufig in solchen Fällen, eine besondere Wichtigkeit vortäuschen.

Es dauerte etwa 14 Tage, bis ich alle Lazarettinsassen und das gesamte Personal vernommen hatte, wobei ich bei den Vernehmungen der Offiziere den Herrn Oberstabsarzt bat, doch persönlich anwesend zu sein.

Es war für mich ein ungewohntes Gefühl, den Respekt zu erleben, den so eine Kommission in dem verängstigten NS-Wehrmachtklima hatte. Er übertrug sich ein wenig sogar auf meine Person, ich wurde zum Abendessen ins Offizierskasino eingeladen. Immer wieder fragten mich die Ärzte, was denn eigentlich los sei, worauf ich nur mit wichtiger Miene antwortete, daß ich nicht befugt sei, hier Einzelheiten mitzuteilen.

Die Ärzte selbst waren offenbar tüchtige Spezialisten. Der Chef hieß meines Wissens Bassermann und stammte aus Hamburg.

Einige Tage nach Weihnachten beendeten wir die Untersuchung, während der wir übrigens einen Tag Pause gemacht hatten, um auf die Zugspitze zu fahren. Ich hatte sehr wohl bemerkt, was hier alles nicht in Ordnung war. So bekamen die Lungenkranken natürlich keine Zigaretten, sondern Süßigkeiten. Der Verwaltungschef behielt jedoch die Zigaretten und tauschte damit für sich Lebensmittel ein. Auch der Vorwurf, daß die Ärzte während des Fliegeralarms ruhig auf dem Balkon sitzen blieben und kein Mensch in den Luftschutzkeller ging, bestätigte sich alsbald. Von einem politischen Unterricht konnte keine Rede sein, und der Völkische Beobachter war nirgendwo aufzutreiben. Überraschenderweise gab es aber keine Cliquenwirtschaft, keine Streitereien und keine Denunziationen. Das Ganze machte einen für ein Lungensanatorium überraschend guten Eindruck. Wer freilich die anonyme Anzeige an Himmler geschickt hatte, die die Untersuchung auslöste, konnte ich nicht erfahren.

Ich hütete mich natürlich, irgendwelche Beanstandungen zu Papier zu bringen, und lieferte ein Protokoll von etwa 200 Seiten mit 20 oder 30 Anlagen ab, das der Oberstabsarzt ungelesen unterschrieb. Dazu benötigte ich aber wieder 14 Tage, so daß es allmählich Ende Januar 1945 wurde.

Wir schickten den Bericht nach Berlin an den Sanitäts-Inspekteur der Luftwaffe, und dieser gab ihn an das Büro Himmler weiter. Nach einigen Wochen bekamen wir eine Antwort: Der Bericht sei mit großer Anerkennung wegen der sorgfältigen Arbeit zur Kenntnis genommen worden. Man beurteile die Verhältnisse in Eibsee daraufhin als durchaus befriedigend. Ob den Bericht jemand wirklich gelesen hat, möchte ich bezweifeln. Vielleicht taucht er samt den Anlagen in irgendeinem Militärarchiv einmal auf; ich würde ihn gern wieder lesen.

Die allerletzten Kriegstage

Nun war es zwar schon Ende Januar 1945, aber der Krieg war noch nicht vorbei. Noch im Februar und März pendelten die Wehrmachtkuriere von Berlin nach München und wieder zurück; sie brachten immer wieder eine Anfrage der Luftwaffen-Sanitätsersatzkompanie in Saalow mit, was mit mir nun eigentlich los sei. Edi-Günther Mayer verfaßte jedesmal ein recht fachmännisch klingendes Schreiben über meinen komplizierten Gesundheitszustand, und Stabsarzt Dr. Franz Gerber bestätigte ausführlich meine Leiden.

Öfter konnte ich zu meiner Familie nach Baumburg bei Altenmarkt an der Alz fahren. Dort hatten wir neben dem Bauernhof Dietl als Evakuierungsunterkunft zwei Zimmer in dem Austragshäuschen, dem sogenannten Schlößchen des ehemaligen Klosters Baumburg zugewiesen erhalten. Der Altbauer Hans Dietl lebte darin mit seiner Frau Helga im Austrag; er war auch ein erfolgreicher Sammler von Gegenständen, die die Römer im Chiemsee und um den Chiemsee herum hinterlassen hatten: Vasen, Krüge, Tonscherben und allerlei bronzene und goldene

Münzen. Vieles davon hatte er auf seinen eigenen Äckern gefunden.

Am 21. Januar 1945 ist in dem Entbindungsheim, das die NS-Volkswohlfahrt in der Angermühle in Altenmarkt eingerichtet hatte, unser Sohn Karl Borromäus zur Welt gekommen. Da meine Frau aus gesundheitlichen Gründen mehrere Wochen lang das Entbindungsheim nicht verlassen konnte, wollten wir, daß unser Kind in diesem Heim sofort getauft würde. Die Oberschwester meinte allerdings, eine Taufe in einem solchen Heim sei nicht üblich, andererseits könne das Kind, wenn es einmal außer Haus gebracht worden sei, nicht mehr zurückgebracht werden. Ich entgegnete, dann müßten wir das Taufen in einem solchen Heim eben üblich machen. Familie Erl, der das Haus gehörte, stellte uns ihr nicht beschlagnahmtes Wohnzimmer zur Verfügung. Dort taufte dann der Pfarrer von Altenmarkt, Franz Xaver Pfleger, den kleinen Karl. Überraschenderweise nahm die Oberschwester an dieser Tauffeier ebenfalls teil. Auch so etwas gab es damals.

Am 28. April hörte ich am Morgen die Aufrufe der Freiheitsaktion Bayern. Mein Studienkollege Dr. Rupprecht Gerngross, Leutnant einer Dolmetscherkompanie, hatte mit einer Reihe beherzter Männer eine Widerstandsbewegung in Szene setzen können. Ich folgte dem Aufruf und fing an, per Rad nach München zu fahren, mußte in Wasserburg aber bereits hören, daß der Widerstand zusammengebrochen war und die maßgebenden Leute standrechtlich erschossen worden waren. Da kehrte ich natürlich wieder um.

Am 30. April konnte man im englischen Rundfunk hören, daß Hitler sich umgebracht hatte. Am 2. Mai war im Trostberger Tagblatt zu lesen, was der Wehrmachtbericht vom selben Tag dazu log: „*An der Spitze der heldenmütigen Verteidiger der Reichshauptstadt ist der Führer gefallen. Von dem Willen beseelt, sein Volk und*

Europa vor der Vernichtung durch den Bolschewismus zu retten, hat er sein Leben geopfert. Dieses Vorbild ,Getreu bis zum Tode' ist für alle Soldaten verpflichtend."

Die Wehrmachtsberichte dieser Tage berichteten in mühsamen Sätzen die letzten Gefechte der Großdeutschen Wehrmacht: „*In Oberschwaben drückt der Feind gegen die Linie Augsburg – Memmingen*" (29. April 1945). „*In Niederbayern konnte der Feind zwischen Isar und Donau weiter nach Süden Raum gewinnen. Panzerspitzen stehen nördlich Landshut zwischen Freising und Dachau. In Oberschwaben gingen Augsburg und Kempten verloren*" (30. April). „*Im Stadtkern von München halten erbitterte Straßenkämpfe an*" (2. Mai).

Am 3. Mai saß ich mit Frau und Kindern und meiner inzwischen aus Ingolstadt geflohenen Mutter im Luftschutzkeller des sogenannten Sommerhauses des ehemaligen Klosters Baumburg. Als wir am Nachmittag wieder an die frische Luft kamen, mußten wir erfahren, daß 200 Meter von unserer Unterkunft entfernt Schüsse die Kirche getroffen hatten, auf der man inzwischen ungeschickterweise die weiße Fahne wieder eingezogen hatte. Opfer waren zwei Arbeiter, die gerade auf dem Weg zum Schichtwechsel waren. Am Abend des 3. Mai, als wir auf der Straße 304 von Altenmarkt nach Stein an der Traun die ersten amerikanischen Jeeps fahren sahen, kam ein recht sympathischer amerikanischer Soldat zu uns und fragte, ob wir Waffen hätten. Wir hatten keine, so daß er uns nach einigen freundlichen Worten wieder verließ.

Am anderen Morgen bekam das Sommerhäuschen zum Schutz der archäologischen Sammlung des Herrn Dietl eines der drei off-limits-Schilder, die die Amerikaner dem Bürgermeister ausgehändigt hatten. So blieben wir von unerwünschten Besuchen in den nächsten Tagen unbehelligt.

Wenn ein Verbrecher in Deutschland 12 Jahre Zuchthaus bekommt, kann er sicher sein, daß er in diesen 12 Jahren nicht verstümmelt, verprügelt oder umgebracht wird. Er kann darauf vertrauen, daß er seine Wohnung wieder vorfindet, und seine Eltern, seine Frau, seine Geschwister und seine Kinder können sicher sein, daß ihre Geduld mit dem Wiedersehen ihres Angehörigen belohnt werden wird.

Mit all dem konnten wir in den 12 Jahren zwischen 1933 bis 1945 nicht rechnen. Der Tyrann hatte die Grundrechte schon am 28. Februar 1933 durch eine eigene Verordnung in aller Form außer Kraft setzen lassen und hat alsbald, gestützt durch hündisch folgsame, gewissenlose Generals- und andere Karrieristen, Menschen morden, Eigentum rauben und den Frieden auch in der kleinsten Hütte auslöschen lassen.

Daß es im Zuchthaus humaner zugeht als außerhalb der Gefängnismauern, vor allem wesentlich humaner als bei der sogenannten Wehrmacht, haben die Nazis übrigens selbst sehr wohl so gesehen, denn ein eigenes Gesetz befahl, daß zu Freiheitsstrafen Verurteilte ihre Strafe erst nach dem „Endsieg" absitzen durften.

Diese Gegenüberstellung läßt ahnen, wie erlöst wir aufgeatmet haben, als wir hörten, daß Hitler sich das Leben genommen hatte und was am 9. Mai 1945 daraufhin geschehen war.

Dieser 9. Mai 1945, ein Mittwoch, wurde einer der drei wichtigsten Tage in meinem Leben:

„Auf Befehl des Großadmirals Doenitz (den Hitler bei seinem Selbstmord am 30. April zu seinem Nachfolger bestimmt hatte) *hat die Wehrmacht den aussichtslos gewordenen Kampf eingestellt. Seit Mitternacht* (8./9. Mai) *schweigen nun an allen Fronten die Waffen."* So steht es im letzten aller Wehrmachtsberichte am 9. Mai 1945. Um 0.16 Uhr haben Hitlers Generalfeldmarschall Wil-

helm Keitel als Chef des Oberkommandos der Hitler-Wehrmacht, Admiral Hans-Georg von Friedeburg als Oberbefehlshaber der Kriegsmarine und Generaloberst Hans-Jürgen Stumpff als stellvertretender Oberbefehlshaber der Luftwaffe im sowjetischen Hauptquartier in Berlin-Karlshorst die Unterzeichnung der bedingungslosen Kapitulation wiederholt, die Generaloberst Alfred Jodl schon am 7. Mai um 2.41 Uhr gegenüber dem westalliierten Oberbefehlshaber General Dwight D. Eisenhower in Reims unterzeichnet hatte. Damit war nach 2097 schrecklichen und blutigen Kriegstagen der erste Tag angebrochen, an dem Soldaten keine Häuser mehr in Brand setzten und keine Menschen mehr ermordeten.

Ich erlebte diesen so lange herbeigesehnten Tag mit meiner Familie in Altenmarkt nahe Trostberg.

Wir schätzten uns überglücklich, daß wir nicht zu den 5250000 Deutschen gehörten, die der Krieg in einen frühen Tod gerissen hatte. Nun endlich konnte ich mich darauf verlassen, daß mich kein Feldpolizist der Hitlerschen Militärclique nach meinen Papieren fragen, kein Telegramm mich zu meiner Einheit nach München zurückrufen und kein englischer oder amerikanischer Flieger Bomben auf uns werfen werde. Die zwölf Jahre und vier Monate satanischen Hitler-Terrors waren endgültig vorbei! Ich konnte mich meines und des Lebens meiner Frau und meiner Kinder endlich sicher fühlen.

Gefährlicher Besuch von drei amerikanischen Offizieren

Beinahe wäre es aber doch noch schiefgegangen. Gegen Mittag, als ich vom Balkon unseres Quartiers aus nachdenklich nach Süden zum sonnenbeschienenen Gebirge blickte, kamen drei Amerikaner in Offiziersuniform auf mich zu. Ich hatte einen dunklen Anzug an. Sie fragten mich: „*Wer sind Sie?*“ Aus diesen wenigen deutschen Worten hörte ich, daß die Herren von Jugend auf deutsch gesprochen haben und sich nicht des mühsam angelernten deutschen Idioms anderer Amerikaner bedienen mußten. Eine heikle Situation. Suchten sie ehemalige deutsche Soldaten, um sie von ihrer Familie weg am ersten Tag nach Kriegsende noch gefangenzunehmen? Das war meine Hauptsorge. Oder suchten sie ehemalige SS-Männer, die nach der Zerstörung der Bauten auf dem nahen Obersalzberg geflüchtet waren und sich in der Umgebung herumtrieben?

Hier half nur ein sicheres Auftreten. „*Meine Herren*“, antwortete ich, „*da wir nun die nazistischen Barbaren los sind, sollten wir die guten Manieren wieder einführen. Darf ich Sie daher bitten, in unsere Stube zu kommen und sich ihrerseits vorzustellen?*“ Die drei waren zunächst etwas verblüfft, sahen dann aber die drei Kinder und meine Frau und deren Schwester Mathilde die inzwischen Albert Göhring geheiratet hatte, mit ihrer am 10. März 1945 geborenen Tochter. Das dürfte sie etwas friedlich gestimmt haben. Jedenfalls nahmen sie in unserer Wohnküche, wenn man das so nennen kann, Platz. Es ist eine alte Erfahrung, daß man sich mit einem Partner oder Gegner leichter tut, wenn man sich erst einmal hingesetzt hat.

Die drei hörten sich meine Geschichte an: Ich sei ein politischer Flüchtling, ein Nazi-Geschädigter, lebe seit Monaten ohne eigene Lebensmittelkarten bei meiner Familie und wolle wieder nach München, um endlich meinem juristischen Beruf nachgehen zu können, dessen Ausübung die Nazis mir wegen meiner politischen Unzuverlässigkeit verboten hätten.

Schon diese wenigen Sätze machten sie neugierig, und sie fragten mich, wo ich denn gelebt und wo ich studiert hätte. Überraschenderweise fragten sie mich auch, wo in München die Universität stehe und wo der Hörsaal 331 liege und ähnliche Details. Das konnte ich natürlich alles beantworten und erfuhr dabei, daß es sich bei meinen Besuchern um drei jüdische Emigranten aus Baden handelte, die in München studiert hatten und jetzt im Auftrag des CIC (was das ist, wußte ich damals natürlich nicht) nach Nazis und Kriegsverbrechern fahndeten.

Ich erzählte ihnen weiter, daß ich ein Freund und Bundesbruder des soeben aus der Verbannung im Kloster Ettal entlassenen Predigers Jesuitenpater Rupert Mayer sei und sie mich zur Bestätigung meiner Aussagen gleich nach München fahren und dem Pater gegenüberstellen könnten. Sie glaubten mir aber und stellten mir einen CIC-Ausweis aus, dessen Gewicht und Bedeutung ich zunächst nicht ahnte. Hier sein deutscher Wortlaut:

> *„9. Mai 1945. Hiermit wird bestätigt, daß Dr. Otto Gritschneder ein politischer Flüchtling vor dem Naziregime war, der nie ein Mitglied irgendeiner Naziorganisation war und nicht in der deutschen Wehrmacht war. Er steht unter dem Schutz der Militärregierung und wird eine beachtenswerte Informationsquelle für die Dienststelle der 25. CIC-Division in München sein ...“*

Mit der Bestätigung der CIC-Offiziere, daß ich *„nicht in der deutschen Wehrmacht war“*, hatte ich wieder das große Glück, das mir im Krieg selbst so oft zur Seite gestanden hatte. Meine Besucher haben angesichts des zivilen Zuschnitts unseres primitiven Evakuierten-Haushaltes und im Vertrauen auf meine Darlegungen offenbar gar nicht vermutet, daß ich Soldat gewesen sein könnte, und die im Nachbarhof noch weilenden französischen Kriegsgefangenen haben mich auch nicht verraten; meine Frau hatte wiederholt freundschaftliche Gespräche mit ihnen geführt, und daß diese Gespräche auf Französisch geführt werden konnten, hat sie offenbar besonders angenehm berührt. Sie wußten, was Gefangenschaft bedeu-

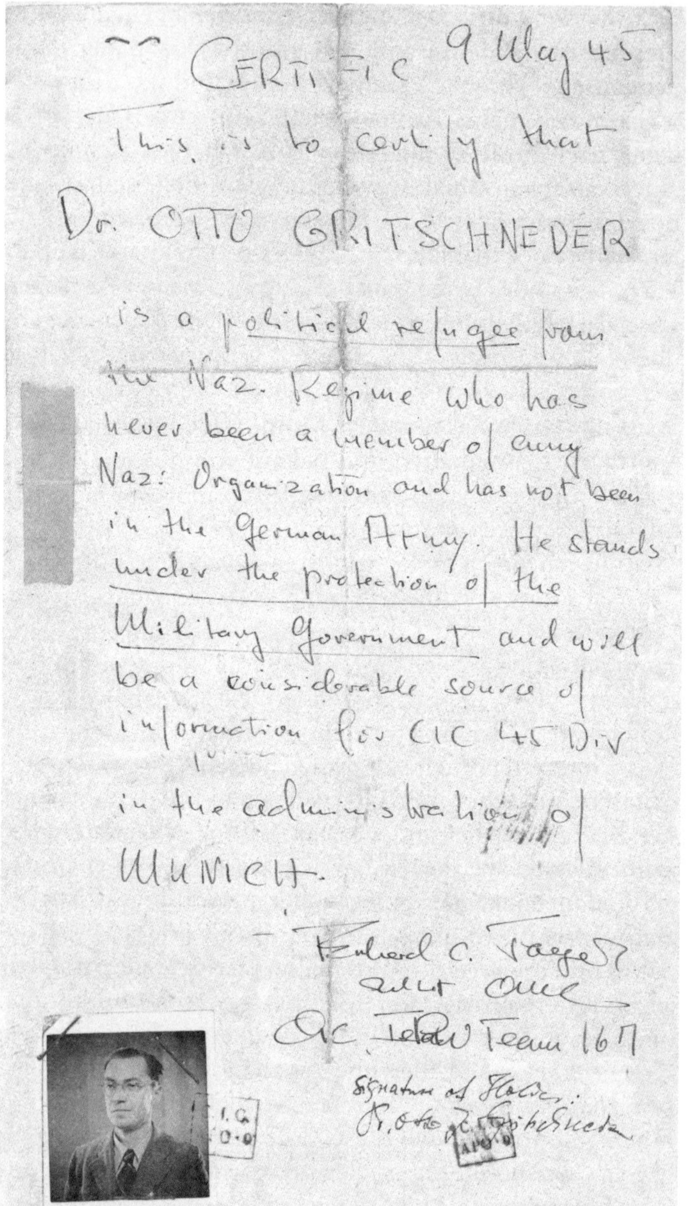

CERTIFIC 9 May 45

This is to certify that

Dr. OTTO GRITSCHNEDER

is a political refugee from the Naz. Regime who has never been a member of any Naz: Organization and has not been in the German Army. He stands under the protection of the Military Government and will be a considerable source of information for CIC 45 Div in the administration of MUNICH.

Richard C. Jaeger
[illegible]
CIC ~~[illegible]~~ Team 167

Signature of Holder:
Dr. Otto Gritschneder

C.I.C. [illegible]
APO [illegible]

tet, und sie wollten mir ein solches Schicksal ersparen. Das hatten sie meiner Frau schon am Morgen des 4. Mai versichert.

So endete meine Zwangsrekrutierung für den Hitlerkrieg nach fünfeinhalb Jahren mit der Bestätigung der amerikanischen Besatzungsbehörde, daß ich nicht in der deutschen Armee war *("has not been in the German Army")*.

Wiedersehen mit dem zerbombten München

Der CIC-Ausweis tat wahre Wunder: Ich brauchte keine Sperrzonen einzuhalten und bekam von den amerikanischen Truppen Benzin für mein Leichtmotorrad, das ich im Tausch gegen eine Armbanduhr erworben hatte. Damit fuhr ich gleich in den nächsten Tagen in das fürchterlich zerbombte München, und zwar zunächst in das Luftwaffenlazarett in Oberföhring, wo ich zuletzt Dienst getan hatte und wo ich eine Reihe von Soldaten und Offizieren kannte, die mir in den letzten Monaten sehr geholfen hatten, den Krieg zu überleben. Mit meinem Ausweis konnte ich auch die amerikanische Besatzung des Lazaretts sprechen und sogar Empfehlungen abgeben, wer ein „goodman" und wer ein „badman" sei, das heißt, wer entlassen werden konnte und wer zunächst in das US-Gefangenenlager mußte. Ich kannte aber nur „goodmen", bloß die SS-Angehörigen, die im Lazarett behandelt worden waren, konnte ich nicht vor der Gefangenschaft retten; sie wurden auf Lkws verladen. Wohin sie gebracht wurden, erfuhr ich nie.

Abb. 9: 9. Mai 1945: Die amerikanische Besatzungsmacht bestätigt Otto Gritschneder in einem amtlichen Ausweis dessen Widerstand gegen das Hitler-Regime.

Sodann teilten mir die US-Funktionäre ein großes Haus neben dem Lazarett zu, das sie beschlagnahmt hatten und in dem ich wohnen sollte. Ich habe die verängstigte Familie in diesem Haus aber gebeten, mir nur ein kleines Zimmer zur Verfügung zu stellen, und wollte weiter nichts von ihnen. Verpflegt wurde ich im nahen Lazarett.

Schon in den ersten Tagen nach der Kapitulation, also noch im Mai 1945, fuhr ich mit meinem Leichtmotorrad die etwa 80 Kilometer zwischen Baumburg und München mehrmals hin und her. Ich wollte ja möglichst schnell in München wieder Fuß fassen, vor allem wollte ich endlich als Rechtsanwalt zugelassen werden.

Auf dem Weg nach München gab es allerhand ungewohnte Dinge zu beobachten. Nicht nur zerstörte Häuser und aufgerissene Straßen. Befreite KZ-Häftlinge gingen, noch angetan mit der gestreiften Sträflingskleidung, durch die Dörfer, um Kost und Logis zu bekommen. Ein kräftiger amerikanischer Truppenkoch schnitt am Straßenrand, wo er seine Küche aufgebaut hatte, ein etwa zwei Pfund großes Fettstück aus einem Schinken und warf es in das Feuer, das nicht recht brennen wollte. In München gab es haushohe Berge von Schutt, Trümmern und aufgebogenen Straßenbahnschienen, die gespenstisch in den Himmel starrten. Das Haus Kobellstraße 12 gegenüber der Bavaria, in dem wir eineinhalb Jahre gewohnt hatten, war mitsamt meinen Büchern und unseren Möbeln ausgebrannt, nur einige besonders wertvolle alte Möbelstücke hatte ich im Gewölbe unter dem Altar der Michaelskirche in München unterstellen und retten können.

Bevor ich nach einem geeigneten Gesprächspartner für meine beruflichen Wünsche Ausschau halten konnte, hatte ich in unserem Evakuierungsort Baumburg noch eine recht merkwürdige, beinahe politisch bedeutsame Zufallsbegegnung mit hochrangigen Flüchtlingen aus der

Slowakei. Drei von ihnen hießen Cincik, Polakowitsch und Bardek und waren offensichtlich enge Mitarbeiter des Prälaten Jozef Tiso, der im Oktober 1939 unter Hitler Staatspräsident der Slowakei geworden war. Sie konnte ich mit meinem CIC-Ausweis unbehindert nach München bringen. Ich führte sie zu Kardinal Faulhaber, der ihnen ein Empfehlungsschreiben für den Nuntius Orsenigo in Eichstätt mitgab. Diese Herren aus der Slowakei hatten einen großen schwarzen Personenkraftwagen, mit dem sie auf meine Bitte meine Mutter nach Ingolstadt zurückbrachten. Leider trauten sie mir offenbar nicht recht, sie verschwiegen mir nämlich, daß ihr Staatschef Tiso (wie ich später erst erfuhr) in Altötting Zuflucht gesucht und sich dort den amerikanischen Behörden gestellt hatte. Die Amerikaner sperrten ihn dann in das US-Gefangenenlager Garmisch-Partenkirchen, und von dort holten ihn die Sowjets eines Tages ab. Er wurde 1947 an die Prager Behörden ausgeliefert, zum Tode verurteilt und gehängt.

Nun aber zurück zu meinen beruflichen Sorgen. Wie konnte ich da weiterkommen?

Ich mußte mich ja in München umsehen, und da hatte ich keine Wohnung mehr. Unsere schöne 3-Zimmer-Wohnung, die wir uns nach mehreren provisorischen Unterkünften hatten besorgen können, war durch einen Fliegerangriff am 12. Juli 1944 ein Raub der Flammen geworden; ich sah noch von der Straße aus, wo ich dem Brand mit den übrigen Bewohnern hilflos zusehen mußte, unsere Möbel und mein damals schon umfangreiches Archiv brennen. Eine neue Wohnung hatten wir nicht mehr bekommen. Vielmehr wurden wir „evakuiert“, das heißt, wir bekamen eine Wohngelegenheit außerhalb Münchens zugewiesen. Da hatten wir wieder Glück und kamen nach Baumburg bei Trostberg an der Alz. Dort blieb meine Frau mit den Kindern noch ein gutes Jahr nach dem Krieg.

Ich fand eine provisorische Unterkunft bei meinem Jugendfreund Josef Hilger in München-Laim. Er war Verwaltungsinspektor bei der Stadt München, bestens qualifiziert, aber nun fristlos entlassen, weil er als Schreiber zum Münchner Polizeipräsidenten, dem SS-Obergruppenführer Friedrich Karl Freiherr von Eberstein, abgestellt und in eine SS-Uniform gesteckt worden war. Sein besonderes „Kriegserlebnis" war, daß er in den letzten Kriegstagen per Fahrrad das Fernschreiben ins Braune Haus bringen mußte, mit dem der Hitler-Büro-Gewaltige Martin Bormann mitteilte, daß auf Befehl Hitlers Hermann Göring zu verhaften sei. Als dann die Stadt München einige Monate später meinen Freund Hilger wieder beschäftigen wollte, mochte dieser nicht mehr und blieb bei mir als außerordentlich tüchtiger und geradezu unentbehrlicher Anwaltskanzlei-Vorstand bis in sein Pensionsalter. Er starb im Dezember 1989.

Die Anwaltsjahre

Endlich Rechtsanwalt

Um nun endlich als Anwalt zugelassen zu werden, sprach ich zunächst einmal bei dem Ausschuß des Justizministeriums vor, den die Amerikaner ziemlich rasch mit einer Art Geschäftsführung für Anwaltsangelegenheiten betraut hatten. Dort meinte man, ich solle nicht so drängeln, zunächst kämen die dran, die schon vor 1945 Anwalt gewesen seien. Auch die hatten nämlich, wie Richter und Staatsanwälte, zunächst Berufsverbot und konnten erst nach und nach wieder zugelassen werden.

Dieses nicht gerade kollegiale Verhalten des mit älteren Anwälten besetzten Ausschusses veranlaßte mich, gleich zu dem zuständigen Offizier der Militärregierung selbst ins Rathaus am Marienplatz zu gehen. Dort studierte man den Fragebogen, den ich ausfüllen mußte, und fragte mich, warum ich nicht bei der Nazi-Partei gewesen sei. Ich konnte nur antworten, daß ich jetzt 12 Jahre lang diese Frage immer wieder hätte hören müssen und daß ich eigentlich mit der Gegenfrage antworten müßte: Warum hätte ich zur Nazi-Partei gehen sollen? Man müsse, so antwortete man mir, zunächst in den Dokumentenzentren nachfragen, ob ich wirklich nicht bei der Partei gewesen sei. Die Alliierten hatten nämlich eine fast vollständige Mitgliederkartei der Nazis gefunden, die diese offenbar nicht mehr rechtzeitig hatten beseitigen können.

Nachdem die Antwort zurückgekommen war, daß ich tatsächlich kein Naziparteimitglied war, bekam ich im Münchner Rathaus bereits am 27. Juli 1945 von Captain P. L. Denton (Militärregierung München) die mir von den Deutschen so lange verweigerte Zulassung als Rechtsanwalt. Vor der Wohnung meines Freundes Hilger, bei dem ich noch einige Wochen wohnen konnte, brachte ich ein Pappschild an mit der Aufschrift: *„Diplomvolkswirt Dr. jur. Otto Gritschneder, Rechtsanwalt,*

Approved by Military Government". Die Zulassung durch das Bayerische Staatsministerium der Justiz, das erst 1946 wieder errichtet wurde, erfolgte dann am 11. Mai 1946.

Um auch für das Oberlandesgericht zugelassen zu werden, hätte ich fünf Jahre warten müssen. Ausnahmsweise ließ mich aber der damalige Staatsminister der Justiz Josef Müller ("Ochsensepp") schon am 10. August 1949 zu und vermerkte auf dem Zulassungsbescheid: „*Die fünfjährige Wartezeit ist zwar noch nicht erfüllt. Da aber der Antragsteller wegen politischer Unzuverlässigkeit 1939 nicht in den anwaltschaftlichen Anwärterdienst übernommen wurde, befürwortet die Rechtsanwaltskammer aus dem Gesichtspunkt der Wiedergutmachung die ausnahmsweise Zulassung beim Oberlandesgericht.*"

So war ich jahrelang der jüngste beim Oberlandesgericht München zugelassene Anwalt.

Die Anwaltskanzlei

Nun bin ich also seit einem halben Jahrhundert Rechtsanwalt. Mein Büro war zunächst, im Sommer 1945, höchst behelfsmäßig das Wohnzimmer von Josef Hilger in München-Laim. Dann siedelte ich in mein Geburtshaus im Münchner Westend über, wo Wohnung und Büro im selben Flur lagen und mancher Mandant, bevor er in mein Büro kam, an der Küche ein „Naturalhonorar" abgab. 1948 konnten wir in dem nördlichsten Haus der Barer Straße, es war die Hausnummer 77, ein Rückgebäude aufbauen, das wir dann auf unserem Briefbogen „Gartenhaus" nannten, weil ein Baum davorstand. Dort konnten wir es einigermaßen aushalten. 1955 zogen wir in das Victoria-Haus am Lenbachplatz beim Stachus, und einige Jahre später in die Sonnenstraße 19, nahe dem Sendlinger-Tor-Platz. 1984 habe ich meine Kanzlei in die

Kanzlei meines Sohnes Konrad eingebracht, der inzwischen selbst Rechtsanwalt geworden war und mit fünf Kollegen sich im traditionsreichen Bogenhausen nahe dem Prinzregententheater in der Possartstraße 14 niedergelassen hat.

Wenn ich hier sage „wir", dann meine ich den respektablen Mitarbeiterkreis, der naturgemäß häufig wechselte und mehrere Dutzend Kollegen umfaßte. Einige darf ich hier ausdrücklich nennen:

Dr. Karl Schweiger. Mit ihm bin ich in der Anglerstraße 7 Wohnung an Wohnung aufgewachsen, seit seinem sechsten Lebensjahr kenne ich ihn, er wurde ein enger Freund unserer Familie. Vor seinem Großen Staatsexamen arbeitete er einige Zeit in meinem Büro, machte ein glänzendes Examen und wurde dann Richter, zuletzt am Wehrsenat des Bundesverwaltungsgerichts; er hat an einem Kommentar über die Bayerische Verfassung maßgebend mitgearbeitet.

Gottfried Greiner, ebenfalls ein hervorragend qualifizierter Jurist, wurde General der Bundeswehr.

Rechtsanwalt Otto Freiherr Riederer von Paar wurde Prokurist bei der Generaldirektion der Allianz in München.

Anton Michl wurde Generalbevollmächtigter Direktor der Siemens AG in München.

Dr. Hanns-Rudolf Lipphardt wurde Professor an der Juristischen Fakultät der Universität Heidelberg und Mitglied einer angesehenen Anwaltskanzlei.

Rechtsanwalt Dr. Jürgen Parchmann wurde Mitglied des Vorstands der Vereinsbank AG in Nürnberg.

Dr. Erhard Gröpl wurde Oberfinanzpräsident der Oberfinanzdirektion München.

Professor Dr. h.c. Albert Scharf arbeitete mehrere Jahre als Referendar bei mir und ist nun Intendant des Bayerischen Rundfunks.

Einige Monate war auch der spätere CSU-Politiker

und bayerische Ministerpräsident Edmund Stoiber zur Ausbildung in meinem Büro.

Besonders intensiv und besonders lang arbeitete ich mit Rechtsanwalt Dr. Klaus Boele zusammen, der die Redaktion meines Juristischen Pressedienstes betreute.

Am längsten, nämlich 30 Jahre, dauerte die Partnerschaft mit Rechtsanwalt Dr. Hans Weber, einem tüchtigen und gewandten Mann. Leider stürzte er im September 1980 in den Südtiroler Bergen tödlich ab.

Die Erlebnisse und Begegnungen eines Großstadtanwalts sind vielfältig, oft überraschend und menschlich respektabel und dann wieder ärgerlich, auf jeden Fall sind sie ein farbiges Konterfei unserer Zeit. Es bedürfte mehrerer dicker Bände, wenn ich das, was sich da an Bemerkenswertem und Interessantem zugetragen hat, zu Papier bringen wollte. Es sind ja doch immerhin an die 50000 Fälle, die ich zu betreuen hatte. Die meisten sind kleine Alltagsfälle, manche aber ragen doch durch ein absonderliches menschliches Schicksal heraus, manche überraschen durch unerwartete Zufälle. Einige habe ich in meinen „*Anwaltsgeschichten*“ festgehalten, die 1988 im Verlag C. H. Beck herauskamen. Nach dem großen Interesse, das dieses Büchlein fand, müßte ich eigentlich noch mehrere Anwaltsgeschichten-Bände schreiben. Darin könnten unter anderem folgende Fälle ausführlicher erzählt werden:

Gegen Kriegsende, am 28. Januar 1945, verwechselte die Hebamme im Krankenhaus Siegen (Westfalen) die drei Mädchen, die ziemlich zur selben Minute um 8.15 Uhr geboren wurden. Nach 30 Jahren kam das anläßlich einer Blutgruppenuntersuchung auf, und die Änderung der Eintragungen im Standesamtsregister, die Namensänderungen der drei Verwechselten, die inzwischen alle Kinder hatten, und vor allem die komplizierten Erbrechtsfragen –, das alles gäbe einen langen Text für Staatsprüfungsaufgaben.

Abb. 10: 1950: Otto Gritschneder als Verteidiger in einem Strafprozeß.

Vor einigen Jahren stellte das Oberlandesgericht München dem klägerischen Anwalt und dem Anwalt der beklagten Partei in derselben Sache je ein für ihn günstiges Urteil zu; welches dieser sich widersprechenden Urteile nun gelten sollte, war eine besonders diffizile Aufgabe.

Drei meiner Mandanten, ein Kaminkehrer, ein Offizier aus Bulgarien und ein durch Eheprobleme deprimierter Kaufmann, haben Selbstmord begangen. Den beiden ersten hatte ich einige Tage vorher gesagt, daß sie nicht würden freigesprochen werden können, daß die Sache aber nicht sehr gewichtig sei und alsbald wieder mit einer Löschung im Strafregister gerechnet werden könne.

Ein zur Bundeswehr zwangsrekrutierter und von mir verteidigter Germanistikstudent, der einen (unzulässigen) Befehl verweigert hatte, mußte im Arrest einen Aufsatz schreiben: „*Mut hat auch der Mameluck, Gehorsam ist des Christen Schmuck*". Für ihn konnte ich einen Freispruch erreichen.

Besonders traurig stimmten mich die Strafprozesse, die ich als Verteidiger von katholischen Priestern mitmachen mußte, die wegen Unsittlichkeitsdelikten der verschiedensten Art vor Gericht kamen. Dieser Stand ist offenbar besonders gefährdet. Das mag auch daran liegen, daß viele katholische Priester mit dem Zölibat nicht zurechtkommen. Das Zölibat ist ja in der Tat ein aus der Bibel keineswegs zu begründender Affront gegen die göttliche Schöpfungsordnung. Die Amtskirche schweigt hierzu verlegen und kann sich häufig nicht entschließen, solche unglücklichen Priester aus dem Seelsorgedienst zu entfernen.

In allen Fällen spiegeln sich menschliches Versagen, menschliche Bosheit, menschliches Unglück und viel Zufall wider. Vielfach ist es aber auch „nur" der angeborene Drang nach Gerechtigkeit, der zum Anwalt und vor das Gericht führt.

Ich kann hier nicht einmal ein Prozent der von mir bearbeiteten Fälle schildern, aber einige wenige, die Aufsehen erregt haben, rechtspolitische Grundfragen oder besonders ungewöhnliche Situationen beleuchten, sollen etwas ausführlicher dargestellt werden.

„Death by hanging"

Gleich nach dem Krieg wurde ich als Pflichtanwalt vor ein Strafgericht der amerikanischen Besatzungszone gerufen. Solche Aufträge gab es nur für Anwälte, die nicht bei der Nazi-Partei oder einer ihrer Gliederungen gewesen waren. Das Gericht tagte in den Räumen des ehemaligen Konzentrationslagers Dachau. Dort fanden täglich sogenannte „Bühnenschauen" statt; dabei mußten ehemalige Konzentrationslager-Funktionäre sich auf eine Bühne stellen, und die ehemaligen Häftlinge saßen in einer Art Zuschauerraum und versuchten, ihre Peiniger herauszufinden.

Einer von denen, die bei einer solchen Bühnenschau gefunden wurden, war der frühere SA-Kreisführer Willi R. Ihm warf man vor, am 28. Juni 1944 während eines Fliegeralarms zur Mittagszeit den amerikanischen Piloten Peter Mandros ermordet zu haben. Der Pilot hatte sich, so die Anklage, nachdem ihm der Absprung aus dem Flugzeug geglückt war, ohne Waffen auf der Bürgermeisterei eingefunden und ergeben, und sei dann von R. im Auto vor die Stadt gefahren und durch Kopfschuß getötet worden. Die Hauptverhandlung vor dem amerikanischen Strafgericht war gründlich und fair. Sie dauerte an die 14 Tage, während derer das Gericht alle irgendwie erreichbaren Zeugen herbeischaffte und ausführlich vernahm. Der Schädel des getöteten Piloten lag auf dem Richtertisch, und ein langes medizinisches Gutachten hat anhand der Löcher in den beiden Schläfen dargetan, daß der Schuß aus der Pistole des Angeklagten gekommen war. Einige Leute, die hinter einem Schweinemastgelände vor den Fliegern Zuflucht gesucht hatten, bestätigten als Augenzeugen die Behauptungen der Anklage. Für den Verteidiger ein schwerer Stand.

Ich versuchte, mit dem in der deutschen Rechtsprechung bekannten „Badewannenfall“ zu argumentieren. In diesem Fall hatte das Reichsgericht seinerzeit entschieden, daß die Hausangestellte, die ein Kind in der Badewanne ertränkt hatte, nur Gehilfin sein könne. Mörder war der Dienstherr, der selbst nicht tätig geworden war, aber die Tötung autoritär und geradezu suggestiv befohlen hatte. Ebenso, meinte ich, waren (wenn R. den Piloten wirklich getötet haben sollte) die eigentlichen Mörder Hitler, Goebbels, Himmler und die übrigen Naziverbrecher, mein Mandant sei nur überredeter und mehr oder weniger suggerierter Gehilfe gewesen, ein kleiner Mann, der dem psychologischen Druck der Oberen und ihren in Presse und Rundfunk verbreiteten Mordaufforderungen erlegen war.

Es half aber nichts. Das Urteil lautete. „Death by hanging“, Tod durch den Strang. Ich bemühte mich noch einige Monate lang um Überprüfung des Urteils und um einen Gnadenerweis und hatte eine längere Korrespondenz mit den Washingtoner Behörden. Einmal kam auch eine Überprüfungskommission mit holländischen Juristen. Eines Mittwochs aber wurde R. beim Mittagessen in der Haftanstalt in Landsberg an den besonderen Tisch derer placiert, die am nächsten Morgen gehängt wurden. In der Nacht wurde er im Keller noch bewacht, damit er sich nicht (wie Göring) etwas antue, und am Morgen wurde er im Gefängnishof in Landsberg hingerichtet.

Das war noch vor der Gründung der Bundesrepublik Deutschland (1949), bevor die Amerikaner mit dem neuen deutschen Staat eine bessere Beziehung zu bekommen trachteten, um ihn als Partner gegen Sowjetrußland zu gewinnen. Seitdem wurden viele Todesurteile an NS-Verbrechern nicht mehr vollstreckt und viele Haftstrafen verkürzt.

Das Eisenbahnunglück von Hechendorf

Auch ein anderer Fall, bei dem Tote zu beklagen waren, bleibt mir unvergeßlich: Das Eisenbahnunglück von Hechendorf am Pilsensee. 19 Theologiestudenten aus der Ostprovinz des Jesuitenordens sind dabei auf dem Bahnübergang kurz vor dem Bahnhof Hechendorf ums Leben gekommen. Die schrankenwärterlose Selbstbedienungsschranke war offengeblieben, und der Lastwagen, auf dem die Jesuiten saßen, stockte auf dem Übergang und wurde von dem aus München kommenden Zug erfaßt.

Das Gericht verurteilte zwei höhere Bahnbeamte der Direktion, weil Selbstbedienungsschranken unzulässig waren, es verurteilte auch meinen Mandanten, den Inspektor, der für die Ordnung der Fahrstrecke verantwortlich war. Dieser hatte aber bereits neun Monate vor dem Unglück der Direktion die Gefährlichkeit dieser Selbstbedienungsschranken, die immer wieder offengeblieben waren, mündlich und schriftlich gemeldet und eine Unterführung, eine Schrankenwärteranlage oder eine andere Abhilfe vorgeschlagen. Die Herren der Direktion kamen auch einmal und meinten, der Bahninspektor solle sich nicht so wichtig machen, man werde die Sache auf Direktionsebene regeln.

Es wurde aber nichts geregelt, und das Gericht verurteilte auch den Inspektor, obwohl es eigentlich hätte wissen müssen, daß dieser nach seinen Meldungen bei der Direktion „aus dem Schneider“ war. Zweimal mußte ich gegen das Fehlurteil der Strafkammer des Landgerichts München II Revision zum Bundesgerichtshof einlegen, der dann gleich von sich aus den Inspektor freisprach. Das Münchner Gericht hatte mir nicht glauben wollen, daß jedenfalls nach dem Besuch der Direktion beim späteren Unglücksort der Inspektor nicht mehr für das verantwortlich gemacht werden konnte, was hier unterlassen worden war.

Franz Josef Strauß gegen Rudolf Augstein

1964 hatte ich Rudolf Augstein zu vertreten. Franz Josef Strauß hatte, nachdem er 1962 als Bundesverteidigungsminister hatte zurücktreten müssen, beim Landgericht München I gegen den Gründer und Herausgeber des Spiegels einen Widerrufsprozeß angestrengt. Strauß, damals noch Generalsekretär der CSU, hatte Anstoß daran genommen, daß der Spiegel einige in der Luft liegende Vorwürfe gegen ihn verbreitet hatte. Augstein hatte Strauß unter anderem nachgesagt, ihm hafte *„der Ruch der Korruption“* an, er habe als Minister Geld angenommen, das ihm nicht gehörte. Diese Vorwürfe wollte Strauß nicht auf sich sitzenlassen.

Der Prozeß blieb recht undurchsichtig und produzierte langwierige Beweiserhebungen. Schließlich verurteilte das Landgericht München I Augstein zum Widerruf, die oberen Gerichte bestätigten das. Klarheit und Überzeugungskraft zeichnen diese Urteile jedoch nicht aus. Vieles aus dem farbigen Leben von Strauß blieb dunkel und manches blieb damals unerörtert. Als dann nach vielen Jahren innerhalb der CSU und der von ihr geführten Bayerischen Staatsregierung massive Korruptionsfälle ans Tageslicht kamen („Amigo-Skandale“), widerrief Augstein in aller Form den ihm seinerzeit aufgezwungenen Widerruf: *„Der Spiegel mußte am 16. März 1970 widerrufen, Franz Josef Strauß sei ‚ein der Korruption schuldiger Minister‘. Inzwischen wissen wir:*

Er war es, wie auch in seiner Zeit ein der Korruption schuldiger Ministerpräsident Bayerns. Darum widerruft Rudolf Augstein seinen damaligen Widerruf." (Spiegel Nr. 14/1994). Bemerkenswerterweise verlangte nun niemand mehr einen Widerruf dieses Widerrufwiderrufs.

Bei der mündlichen Verhandlung Strauß gegen Augstein im Justizpalast in München offenbarte Franz Josef Strauß einen recht persönlichen Stil. Er trat, während das Gericht noch im Saal war, auf mich zu. Die Zeitungsreporter erwarteten wohl einen direkten Zusammenstoß und bildeten sofort einen Pulk um uns. Da schrie mich Strauß an, so daß der ganze Saal es hören konnte: „*Das werden Sie noch bereuen, Herr Rechtsanwalt!*" Ich konnte darauf nur fragend antworten, ob ich jetzt gleich verhaftet werden würde oder erst nach Spanien fahren müsse? Ich fügte noch laut und deutlich an, daß ich mich zwar im Dritten Reich gefürchtet habe, im Vierten Reich aber nicht mehr fürchte, und daß ich „*Sie, Herr Strauß*", schon gar nicht fürchte.

Jüngere Zeitgenossen werden den tieferen Sinn dieser Erwiderung nicht verstehen können; sie spielt darauf an, daß Strauß seinerzeit die Verhaftung des Spiegelredaktions-Mitgliedes und späteren Bonner Regierungssprechers Conrad Ahlers und seiner Frau durch die spanischen Behörden mit der unwahren Behauptung erreicht hatte, ein Interpol-Haftbefehl sei unterwegs. Strauß mußte dann, weil er das Parlament angelogen hatte, von seinem Ministeramt zurücktreten.

Bischofskonferenz und Neue Bildpost attackieren mich

Mit welchen Dschungelmethoden ein Anwalt rechnen muß, der einen von Franz Josef Strauß verfolgten Journalisten vor Gericht vertritt, erlebte ich deutlich und hautnah an zwei Vorfällen:

Der eine betrifft die Herausgeber der Wochenzeitung *Mann in der Zeit* (jetzt: *Weltbild*), für die ich juristische Glossen geschrieben hatte. Die Herausgeber, das waren die katholischen Bischöfe, hatten beschlossen, daß keine Artikel mehr von mir gedruckt werden dürften. Verlag und Redaktion mußten sich beugen. Das war seit meinem Berufsverbot während der Nazizeit das erste Mal, daß ich wieder einem politischen Verbotsdruck ausgesetzt wurde, und das ausgerechnet von der katholischen Amtskirche, die nach außen hin verbal weltweit für die Freiheit des Wortes und der Person eintritt. Offenbar herrschte in den Köpfen jener hohen Kleriker die Vorstellung, ein katholischer Friseur dürfe Rudolf Augstein nicht die Haare schneiden, und ich sei auf die kargen Honorare katholischer Blätter angewiesen.

Ich sehe noch den Chefredakteur Willi Weißkirch (den späteren Wehrbeauftragten des Bundestages) ganz betrübt in mein Büro kommen. Er teilte mir mit, daß die gesamte Redaktion zurückzutreten beabsichtige, weil sie sich die Verbotsweisung der bischöflichen Herausgeber nicht gefallen lassen wolle. Ich tröstete Herrn Weißkirch, es sei ja kein Unglück, wenn die Leute keine Artikel von mir mehr zu lesen bekämen.

In der kirchlichen Presse hat man dazu folgende Lüge verbreitet: „*Die katholische Monatszeitung Mann in der Zeit hat den Münchner Rechtsanwalt Dr. Gritschneder gebeten* (!), *bis auf weiteres auf seine Mitarbeit bei dieser Zeitung zu verzichten. Da Gritschneder als Verteidiger des Spiegel-Herausgebers Augstein tätig ist, sind ‚Mißdeutungen über die politische Haltung' des Blattes entstanden.*" (So zum Beispiel Katholisches Sonntagsblatt Stuttgart vom 13. Juni 1965)

Dieser auf mich ausgeübte klerikale Druck wurde noch durch ein zweites Ereignis verstärkt: Das katholische Boulevardblatt Neue Bildpost brachte eine Reihe erstunkener und erlogener Geschichten über neue **bildpost**

20-Pfennig-Wochenzeitung

Verlag NEUE BILDPOST GmbH, 5784 Bödefeld/Sauerland, Postfach 27

Verlagsleitung

Unser Zeichen:

bitte stets angeben

Ruf 02977/354

5784 BÖDEFELD, den

Graf-Gottfried-Straße 8

E r k l ä r u n g

gemäß Vergleich vom 5. Oktober 1967

zwischen

Herrn Rechtsanwalt Dr. Gritschneder

und

Verlag Neue Bildpost GmbH

In unserer Ausgabe vom 11. April 1965 war geschrieben worden, Rechtsanwalt Dr. Otto Gritschneder (München) habe als Prozeßbevollmächtigter Rudolf Augstein und des Spiegel-Verlages in einem von Franz Josef Strauß begonnenen Zivilprozeß unehrenhaft gehandelt; er habe nämlich eigene Nachforschungen über Strauß angestellt und sich dabei als "Schmutz-Sucher" betätigt, um herauszubringen, wie es mit der Intimsphäre von Strauß stehe. Bildpost knüpfte daran sogar die Frage, was Gritschneder daran verdiene.

Inzwischen hat sich durch gerichtliche Verfahren und Zeugenvernehmungen herausgestellt, daß diese Behauptungen der Bildpost unzutreffend waren; von einer unehrenhaften Ausübung des Anwaltsberufs durch Rechtsanwalt Dr. Gritschneder kann keine Rede sein. Verlag und Redaktion haben sich deshalb bei Dr. Gritschneder entschuldigt.

Bödefeld, den 19. Oktober 1967

Wilhelm Adelmann   Gerhard Gierse

Abb. 11: 1967: Die katholische Neue Bildpost mußte sich wegen ihrer Verleumdungen Otto Gritschneders öffentlich entschuldigen.

mich. Dagegen mußte ich nun doch die Gerichte bemühen.

Die zunächst recht kecken Herren der Neuen Bildpost, Redakteur Claus P. Clausen und die Geschäftführer der Katholischen Schriftendienst GmbH Wilhelm Adelmann und Gerhard Gierse als Verleger der Neuen Bildpost, waren mit ihrem schrägen Latein bald am Ende, als ich Beweise für ihre verleumderischen Behauptungen verlangte. Sie mußten dann beim Landgericht München I im September 1967 zu Kreuze kriechen und auf dringendes Anraten des Gerichts sich verpflichten, auf Seite 1 ihres Blattes unter der Überschrift *„Keine Vorwürfe gegen Otto Gritschneder"* eine längere Rehabilitationserklärung abzudrucken. Außerdem mußte der Verlag tausend Exemplare mit dem Widerruf kostenlos an mich liefern, dazu einen Entschuldigungsbrief mit der Unterschrift Clausens und des Geschäftsführers des katholischen Verlages; weiter mußten Clausen und der Verlag 5000 DM seelisches Schmerzensgeld an mich zahlen und die gesamten Prozeßkosten übernehmen.

Die Verfassungsrichter billigen das naturrechtswidrige Ehezerrüttungsgesetz

Völlig erfolglos blieb ich hingegen mit meinen Bemühungen um eine dem Wesen der Ehe entsprechende Gesetzgebung und Rechtsprechung. Die Fälle, in denen ein Eheteil sich an sein Jawort vor dem Altar und sein Eheversprechen vor dem Standesamt nicht mehr halten will und seinen Partner – häufig auch die Kinder – im Stich läßt, haben sich seit Kriegsende vervielfacht, heute geht mit staatlicher Billigung etwa jede dritte Ehe auseinander. Ich habe noch nie ein Scheidungsklage-Mandat übernommen. Ich halte den Staat nicht für befugt, eine Ehe als eine Rechtsinstitution, die älter ist als der Staat und die im Rang weit vor ihm steht, aufzulösen; besonders rechtswidrig ist das dann, wenn der unschuldige Teil auf Antrag des Schuldigen durch Richterspruch aus der Ehe gestoßen wird.

Genau das ermöglicht unsere neuere fehlsame Gesetzgebung Jahr für Jahr tausendfach. Im „Ersten Eherechtsgesetz von 1976" hat der Deutsche Bundestag den verlogensten Paragraphen in unsere mit Wahrheitsgehalt ohnedies nicht überfrachteten Gesetze eingefügt: *„Die Ehe wird auf Lebenszeit geschlossen"*, Paragraph 1353 des Bürgerlichen Gesetzbuchs. Im schreienden Gegensatz dazu erleichtert dieses neue Ehegesetz die Scheidung in einer nie dagewesenen Weise. Wenn die Ehe „zerrüttet" ist, kann jeder, auch der, der sie zerrüttet hat, vom Amtsrichter die Scheidung verlangen. Gegen diese horrende Verletzung der Schöpfungsordnung und des Grundgesetzes (*„Ehe und Familie stehen unter dem besonderen Schutze der staatlichen Ordnung"*, Artikel 6) wandte ich mich an das Bundesverfassungsgericht in Karlsruhe, dessen Aufgabe der Schutz der Verfassung und der von ihm selbst immer wieder zitierten Schöpfungsordnung ist. In Wirklichkeit ist die Eheschutzgarantie des Grundgesetzes nur graue Theorie. Mein Antrag ging dahin, das Zerrüttungsprinzip, das das bisherige Verschuldensprinzip ablöste, für rechts- und verfassungswidrig zu erklären. Einige Gerichte schlossen sich mit eigenen Anträgen meinem Antrag an.

Ende November 1979 wurden diese Anträge in einer mehrtägigen mündlichen Verhandlung vor dem Bundesverfassungsgericht verhandelt. Dazu wurde auch die katholische Kirche mit einem eigenen Meinungsbeitrag angehört. Ein Bischof fand sich zu einer Äußerung zu diesem hochwichtigen Thema auf allerhöchster Ebene nicht ein. Für die katholische Kirche sprach lediglich der Jesuitenpater Professor Dr. Johannes Hirschmann. Was er sagte, war nicht nur enttäuschend, es war haarsträubend. Zum größten Erstaunen aller im Gerichtssaal Anwesenden und wohl auch des Gerichts sagte er wörtlich: *„In der Diskussion um die Ablösung der Schuldelemente bei den Scheidungsgründen war die Kirche bereit, sich den Gründen nicht zu verschließen, die für eine Weiterentwicklung des Zerrüttungsprinzips sprechen. Sie wollte nicht jeder Entwicklung in dieser Richtung widersprechen.“* Pater Hirschmann wies dabei ausdrücklich darauf hin, daß seine Darlegungen auch in einer von den Bischöfen selbst herausgegebenen Broschüre wörtlich enthalten seien.

Unter Vorsitz von Präsident Ernst Benda lehnten die Richter meinen Antrag ab, sie billigten also ausdrücklich den sogenannten Zerrüttungsgrundsatz. Sachbearbeiterin und Referentin war Frau Bundesverfassungsrichterin Gisela Niemeyer, die vor ihrer Berufung nach Karlsruhe als Finanzrichterin tätig war und so gut wie keine Ahnung vom Wesen der Ehe erkennen ließ. Der Kernsatz dieser ehezerstörenden Verfassungsgerichtsentscheidung vom 28. Februar 1980 lautet:

> *„Das Schutzgebot der Verfassung gewährleistet daher die lebenslange Ehe nicht abstrakt, sondern in der Ausgestaltung, wie sie den herrschenden, in der gesetzlichen Regelung maßgebend zum Ausdruck gelangten Anschauungen entspricht. Danach liegt der Verfassung das Bild der ‚verweltlichten‘ bürgerlichrechtlichen Ehe zugrunde, zu dem es auch gehört, daß die Ehegatten unter den vom Gesetz normierten Voraussetzungen geschieden werden können und damit die Eheschließungsfreiheit wiedererlangen.“*

Diesem an sich schon nebulosen Satz fügte das Gericht dann noch folgenden keineswegs klareren Satz an:

> *„Bei der Regelung der Voraussetzungen für die Eheauflösung hat der Gesetzgeber einen erheblichen Gestaltungsspielraum, jedoch ist er dabei an die verfas-*

sungsrechtliche Gewährleistung der grundsätzlich unauflöslichen Ehe gebunden … Die Ehescheidung hat für die Rechtsordnung die Ausnahme zu bilden."

Mit solchen widerspruchvollen, unscharfen Formulierungen ist natürlich in der Praxis nichts anzufangen. Die Praxis selbst hat sich inzwischen dahin eingespielt, daß jeder, der geschieden werden will, geschieden werden kann, auch gegen den Willen seines völlig schuldlosen Partners.

Die Spruchkammern zeigen mich wegen Beleidigung an

Nicht nur für andere, auch im eigenen Namen mußte ich einige Prozesse führen.

Aufsehen hat der Strafprozeß ausgelöst, den der Bayerische Landtag gegen mich angestrengt hat. Ich hatte in der Münchner Allgemeinen, die ich 1948 als Wochenzeitung gegründet und etwa ein Jahr lang herausgegeben hatte, die skandalösen Zustände bei den sogenannten Spruchkammern geschildert. Das waren gerichtsähnliche, meist mit Laien besetzte Gremien, die ehemalige Nazis mit Geldstrafen, mit Haft und Berufsverbot belegen konnten. Gegen dieses Spruchkammerpersonal (Ankläger, Vorsitzende, Beisitzer) hatte ich gravierende Vorwürfe erhoben, vor allem Unfähigkeit und Korruption in nie gekanntem Ausmaß. Zum Nachweis der enormen kriminellen Quote dieses Spruchkammerpersonals hatte ich einen Theologiestudenten 14 Tage lang engagiert, der in der Staatsbibliothek alle Zeitungen (damals waren es noch nicht sehr viele) daraufhin durchschauen mußte, welche Ankläger oder Spruchkammerrichter dienstaufsichtlich beanstandet oder wegen Straftaten angeklagt und verurteilt worden waren. Ich brachte immerhin über 200 Fälle zusammen, die ich dann als Wahrheitsbeweis für meine Behauptungen dem Gericht vortrug.

Bereits im Juli 1949 lehnte die Strafkammer die Eröffnung eines Hauptverfahrens wegen Beleidigung gegen mich ab und stellte das Verfahren auf Kosten der Staatskasse ein. Begründung: Dr. Gritschneder habe offensichtlich nicht den Vorsatz gehabt, den Personenkreis der Spruchkammern zu beleidigen. Seine Äußerungen über das Spruchkammerpersonal in Verbindung mit seiner Kritik an den einschlägigen Gesetzen seien jedoch teilweise so aggressiv, daß sie von dem angegriffenen Personenkreis als eine Herabsetzung ihrer ethischen und sozialen Werte empfunden werden könnten ... Dr. Gritschneder habe aber als Publizist die Verpflichtung, sich in Angelegenheiten, die von öffentlichem Interesse seien, zum Sprecher der Allgemeinheit zu machen. Wörtlich fährt die Begründung des Einstellungsbeschlusses fort:

„*Die Entnazifizierung ist aufgrund von Gesetzesmängeln, ihrer Handhabung und Wandlung der Bevölkerung zur Entnazifizierung in eine allgemein bekannte Krise geraten ... Es kann daher dem Angeschuldigten, der hiermit auch sein persönliches Interesse als Steuerzahler vertritt, die Wahrnehmung berechtigter Interessen nicht abgesprochen werden ...*“

Meine vom Staat zu ersetzenden Verteidigerkosten wurden auf 424,72 DM festgesetzt.

Daß diese Entnazifizierungsbehörde, die doch eigentlich eine Art demokratische Sonderjustiz sein wollte, keine Rechtskenntnisse und keine Erfahrungen hatte und daß sie auch von menschlichen und politischen Kategorien so gut wie keine Ahnung hatte, zeigt unter anderem die Klageschrift des öffentlichen Klägers gegen die 61jährige Franziska Katharina Braun, die Mutter jener Eva Braun, die Hitler, noch kurz bevor er am 30. April

1945 mit ihr in den Tod ging, geheiratet hatte. Diese unglückliche Mutter sollte nach dem Antrag des öffentlichen Klägers in die Gruppe der „Belasteten“ eingereiht und entsprechend bestraft werden. Sie sei zwar bei keiner Naziorganisation Mitglied gewesen, aber *„nachdem sie Mitglied der Familie* [Hitler] *war, brauchte sie nicht Mitglied der Partei zu sein“*. Ich hatte Frau Braun zu verteidigen und konnte erreichen, daß sie als „Nichtbetroffene“ bezeichnet und das Verfahren auf Staatskosten eingestellt wurde.

Unlauterer Wettbewerb gegen meinen Juristischen Pressedienst

Nicht nur gegen politische Angriffe und gegen Angriffe auf meine publizistische Freiheit aus staatlichen und kirchlichen Kreisen mußte ich mich wehren, auch gegen eine recht merkwürdige Konkurrenz mußte ich die Gerichte zu Hilfe rufen:

Ich gebe seit 1953 einen Juristischen Pressedienst für eine größere Reihe von Zeitungen, Zeitschriften und Rundfunkredaktionen heraus. *„Verständlich geschrieben, dennoch sachlich zuverlässig. Sachlich zuverlässig, dennoch verständlich geschrieben.“* Er liefert etwa 70 Artikel pro Monat, sozusagen Übersetzungen interessanter Gerichtsentscheidungen aus dem Juristendeutsch in allgemein verständliches Deutsch. Da machte mir ein Herr Dr. Naiden Stoytscheff durch irreführende und unlautere Werbung spürbare Konkurrenz. Er schrieb sogar gelegentlich Artikel von mir ab und behauptete, daß höchste Richter bei ihm mitarbeiten würden. Auf die Frage des Gerichts nach diesen angeblichen Mitarbeitern verweigerte er die Antwort. In Wirklichkeit arbeitete ganz offensichtlich keiner der von ihm genannten hohen Richter für ihn. Stoytscheff wurde in allen Instanzen verurteilt, und der Bundesgerichtshof schätzte den Betrag, den Stoytscheff als Schadenersatz an mich zu zahlen hatte, kurzerhand auf 10000 DM, damals eine hübsche Summe. Die Grundsätzlichkeit dieser oberstrichterlichen Entscheidung (zum Punkt Darlegungspflicht des aussageunwilligen Konkurrenten) führte sogar dazu, daß das Urteil in der Neuen Juristischen Wochenschrift (1961, 826) mit einer weiterführenden Anmerkung abgedruckt wurde.

Neid und Mißgunst der Rechtsanwaltskammer
Der Ehrengerichtshof hilft mir

Ich mußte meinen Juristischen Pressedienst und meine publizistische Freiheit noch einige Male verteidigen, besonders bemerkenswert sind dabei zwei Fälle, die Kollegen der Rechtsanwaltskammer gegen mich in Szene setzten:

1966 beanstandete der Vorstand der Rechtsanwaltskammer München einstimmig mein im Ullstein-Verlag erschienenes Buch „*Der Fall Brühne – Eine Dokumentation*". Man beantragte beim Staatsanwalt die Prüfung der Frage, ob ich mit diesem Buch eine standeswidrige Werbung betrieben hätte.

Der Vorstand der Rechtsanwaltskammer holte sich mit diesem Antrag eine bemerkenswerte Abfuhr: „*Ein Anlaß zur Einleitung standesrechtlicher Maßnahmen ist nicht gegeben*", antwortete der Generalstaatsanwalt. Begründung: Jede schriftstellerische Tätigkeit eines Rechtsanwalts müsse sachlich und würdig sein. Der Anwalt müsse schon den Anschein der Werbung vermeiden. Dr. Gritschneder zeichne auf der Vorder- und Rückseite der Einbanddecke seines Buches nur mit dem Namen „Otto Gritschneder". Die volle Adresse, Rechtsanwalt Dr. Otto Gritschneder, erscheine in der gesamten Veröffentlichung nicht. Ein Verstoß gegen die Anwaltsgrundsätze sei insofern sicher nicht gegeben.

Die Rückseite des Einbandes enthalte eine unvollständige Schilderung des Lebenslaufs des Verfassers sowie dessen kurze Stellungnahme zum Fall Brühne. Dr. Gritschneder habe erklärt, daß er dem Ullstein-Verlag wohl dereinst seine Daten zur Verfügung gestellt habe, jedoch für die Auswahl und Wiedergabe keine Verantwortung trage.

1970 trat der Vorstand der Rechtsanwaltskammer zu einem Generalangriff auf meinen Pressedienst an. Er setzte dazu ein ungewöhnliches Verfahren in Gang, das ich bisher überhaupt nicht kannte und das ich auch nachher nie wieder erlebt habe. Nachdem der Generalstaatsanwalt die Einleitung eines erneuten von der Rechtsanwaltskammer beantragten Verfahrens gegen meinen Pressedienst abgelehnt hatte, rief die Rechtsanwaltskammer dagegen, also gegen den Generalstaatsanwalt, den Bayerischen Ehrengerichtshof für Rechtsanwälte an. Dieses höchste bayerische Anwaltsberufsgericht besteht aus einem Senatspräsidenten, einem Oberstlandesgerichtsrat und drei Rechtsanwälten. Es sollte nun, so wollte es die Rechtsanwaltskammer, den Generalstaatsanwalt anweisen, gegen mich wegen meines Juristischen Pressedienstes ein Ehrengerichtsverfahren einzuleiten.

Für die Rechtsanwaltskammer wurde auch dieser Fall zu einer Riesenblamage, die sie sich hätte ersparen können, wenn sie in Ruhe über die einschlägigen Verfassungskategorien nachgedacht hätte. Im Hinblick auf die Bedeutung und Grundsätzlichkeit des Falles hätten die Herren Kollegen des Rechtsanwaltskammervorstandes eigentlich zurücktreten müssen. Ich habe das auch schriftlich angeregt, freilich ohne Erfolg.

Der Ehrengerichtshof nahm die Sache sehr ernst und stellte in einer sieben Seiten langen Entscheidung das Verhältnis des Anwaltsberufs zur publizistischen Freiheit mit erfreulicher Deutlichkeit ein für allemal klar. Einige Sätze daraus:

Die Herausgabe des Juristischen Pressedienstes durch den Betroffenen als solche kann standesrechtlich nicht beanstandet werden. Es handelt sich dabei um eine schriftstellerische Arbeit, die gerade das Fachgebiet des Betroffenen als Juristen umfaßt. Es kann ihm nicht verwehrt werden, seine Kenntnisse auf diesem Gebiet dadurch zu verwerten, daß er zu aktuellen Rechtsfragen und besonders zu Gerichtsentscheidungen allgemeinverständliche Berichte verfaßt und an Publikationsorgane weiterleitet ... Daß der Betroffene gegen das Gebot der Sachlichkeit und Würde verstoße, ist nicht ersichtlich und wird vom Antragsteller auch nicht behauptet.

Dem Antragsteller ist zuzugeben, daß damit [d. h. mit der Herausgabe seines Juristischen Pressedienstes] *in gewisser Weise eine Werbung für die Praxis verbunden sein mag. Eine Werbung in der breiten Öffentlichkeit scheidet aber schon dadurch aus, daß Name und Beruf des Betroffenen bei einer Veröffentlichung nicht mitabgedruckt werden, daß also der Verfasser nicht als Rechtsanwalt in Erscheinung tritt.*

Gegen ihn [Dr. Gritschneder] waren mehrere einschlägige Ermittlungsverfahren anhängig, die von dem Generalstaatsanwalt eingestellt worden sind. Der in den Einstellungsverfügungen zum Ausdruck gekommenen Rechtsmeinung hat sich auch der Antragsteller ausdrücklich angeschlossen. Auf die Richtigkeit der dort von dem berufenen Organ ausgesprochenen Rechtsmeinung hat der Betroffene vertrauen können.

Diese Bemühungen, meine publizistische Freiheit zu behindern, noch dazu mit gerichtlichen Schritten, schienen mir lange Zeit irgendwie rätselhaft und unverständlich. Wo können diese Machenschaften ihre motivischen, psychologischen oder sonstigen Ausgangspunkte haben? Erst allmählich dämmerte mir, daß ein wichtiger Faktor nicht nur in der großen, sondern auch in der kleinen Weltgeschichte und im beruflichen und privaten Alltag Neid heißt.

Parteiloser Stadtrat

Mit 34 Jahren, 1948, im Jahr der Währungsreform, war ich noch einigermaßen Idealist. Da ich heil durch das Dritte Reich gekommen war, fühlte ich die Verpflichtung, mich aktiv am öffentlichen Leben zu beteiligen, also sozusagen in die Politik einzusteigen.

Einer der wiedergegründeten Parteien wollte ich allerdings nicht beitreten; sie waren ja die eigentlichen Versager in der Weimarer Zeit gewesen. Mit ihren egoistischen Taktiken und endlosen Schwätzereien hatten sie den Staatsapparat gelähmt und einen machtleeren Raum geschaffen, in den Hitler nur einzusteigen brauchte. Das Auftreten der von der Militärregierung wieder zugelassenen alten Parteien erinnerte mich, auch wenn sie, wie die CSU, sich einen neuen Namen zugelegt hatten, zu sehr an die Jahre vor 1933, zumal ja gerade in den konservativen Parteien sich auch immer wieder echte Nazis breitmachten.

So gründete ich eine eigene Gruppe mit dem Namen „*Parteilose Katholiken*“ und kandidierte für die Münchner Stadtratswahl vom Mai 1948. Die Bezeichnung „*Parteilose Katholiken*“ war nicht gerade geschickt gewählt. Ich hätte bedenken müssen, daß schon alle Nichtkatholiken als potentielle Wähler ausschieden, das waren immerhin 24 Prozent der Wahlberechtigten. Sodann hätte unter dem Gesichtspunkt der Wahlpsychologie bedacht werden müssen, daß das Wort „Katholiken“ zu anspruchsvoll klingt. Die Mehrzahl der Bayern hat katholische Bräuche und katholische Feiertage ganz gern. Mit dem katholischen Glauben und einer katholischen Lebensführung macht das pagane, liberale und aufgeklärte

Volk am Fuße der Alpen nicht übertrieben ernst. CDU und CSU haben das längst begriffen und haben es mit ihrem praktisch unverbindlichen C für „Christlich" wesentlich leichter, zumal sie davon recht wenig Gebrauch machen. Sie sind unverbindliche, konservative Bürgerparteien, die auch von den Bischöfen nicht zu einem überzeugenden christlichen Verhalten angehalten werden. Eine ganze Reihe „christlicher" Politiker enttäuscht da ganz schrecklich. Hier ist aber nicht der Platz, Namen und Einzelheiten zu nennen. Der Leser wird darüber ohnedies im Bilde sein.

Ich habe aber, sozusagen aus dem Stand, immerhin 2,1 Prozent der Stimmen zusammengebracht. Das reichte. Ich hatte einen Sitz im Stadtparlament. Vielleicht hat meine Wahlwerbung doch ein bißchen gewirkt, mit der ich auf Flugblättern in Wort und Bild warb, etwa mit dem (zugegebenermaßen etwas primitiven) Vers: *„Die Verpackung soll nur tarnen / auf den Inhalt kommt es an! / Vor Parteien muß ich warnen / wer sie wählt, der stirbt daran!"*

Bei den Debatten und Abstimmungen im Stadtrat hatte ich es natürlich schwer. Für meine Darlegungen über die horrenden Millionenzuschüsse für Theater und ähnliches erntete ich nur den Vorwurf, daß ich ein Banause sei und von Kunst und Kultur nichts verstünde. Und von Einsparungen im Personalsektor und bei Veranstaltungen wollten die übrigen Stadträte schon gleich gar nichts wissen.

Veit Harlans „Die unsterbliche Geliebte" als „Politikum"

Zu den geistlosesten und gefährlichsten Redewendungen in unserer Parteienlandschaft gehört der Hinweis, daß es sich bei dieser oder jener Angelegenheit um ein „Politikum" handle. So gibt es einen politischen U-Bahntarif, einen politischen Zuschuß für allerlei Theater und Tingeltangel-Unternehmen. Manche Debatte, die sachlich begann, endete in dem Nebel des „Politikums". Manche Debatten begannen gleich gar nicht, da es sich um etwas „politisch Brisantes" handle. So wurde vor mancher Wahl verabredet, die unter der schiefen Bezeichnung „Abtreibung" zu behandelnde Problematik der Tötung von Kindern im Mutterleib geflissentlich „auszusparen".

Was freilich unter einem „Politikum" zu verstehen sei, kann niemand so recht sagen. Praktisch geht es um das Schielen auf die nächsten Wahlen, das Ergattern eines Postens oder die Angst vor dem Unverstand und der Emotion einer kritiklosen Masse, jedenfalls nicht die Sorge um das Gemeinwohl.

Von den vielen Fällen, die ich dazu erleben mußte, sei ein besonders deutlicher hier in Erinnerung gebracht. Als im Sommer 1951 neben dem Rathaus in den Kammerlichtspielen der harmlose Film „*Die unsterbliche Geliebte*" lief, monierten einige Stadträte, daß der Regisseur dieses Films Veit Harlan war, jener Harlan, der den antisemitischen Nazifilm „*Jud Süß*" gedreht hatte. Dieser neue Harlan-Film müsse, so forderten sie, daher vom Stadtrat unverzüglich verboten werden.

Nun hatte Veit Harlan wegen seiner Nazidienste sicher mit Recht schwere Vorwürfe und allerhand Ungelegenheiten bekommen; er hatte aber weder von einer Spruchkammer noch von einer anderen Behörde Berufsverbot erhalten. Die Stadträte mußten sich also, wenn sie den Film verbieten wollten, nach einer Rechtsgrundlage für ein solches Verbot umsehen. Die gab es aber nicht. Man bat daher nach stundenlanger Debatte den Rechtsreferenten der Stadt, Dr. Otto Seemüller, um eine rechtliche Begutachtung. Dieses Gutachten bestätigte, daß es keine gesetzliche Handhabe für ein Verbot dieses Harlan-Filmes gab; Seemüller fügte jedoch an: „*Wir müssen aus*

Gründen, die wir nicht mehr juristisch fassen können, die wir, wenn sie wollen, politisch fassen müssen ..., dagegen auftreten"; so steht es im Protokoll der Stadtratsvollversammlung vom 24. April 1952. Stadträtin Hildegard Brücher ergänzte noch, daß das Filmverbot zwar juristisch keine Aussicht habe, aber der Fall Harlan sei *„vom Rechtlichen ins Politische gekommen"*. So stimmten nur mein Anwaltskollege Dr. Ludwig Schmid und ich gegen den Verbotsantrag, alle anderen von links nach rechts waren für das Verbot.

Die Herzog-Filmgesellschaft, die den Film herausgebracht hatte, wandte sich unverzüglich an das Verwaltungsgericht. Dort war rasch zu erfahren, daß das Verbot rechtswidrig war und aufgehoben werden mußte. Die Stadt mußte Schadensersatz leisten.

Pacellistraße

Der einzige Antrag, mit dem ich Erfolg hatte und der eine gewisse historische Bedeutung bekommen könnte, war der, für Papst Pius XII., der München sehr schätzte und in bester Erinnerung hatte, eine eigene Straße zu benennen: die Pacellistraße. Bei dieser Gelegenheit lernte ich, was es bedeutet, wenn einem „die Show gestohlen" wird. Die CSU-Stadträte haben nämlich sofort, als mein Pacelli-Antrag bekannt wurde, scheinheilig und wahrheitswidrig darauf hingewiesen, daß noch nie eine Straße nach einer lebenden Person benannt worden sei und daß mein Antrag irgendwie zu ausgefallen sei. Ich blieb dennoch dabei und mußte eines Tages erleben, daß die CSU selbst den Antrag auf die Tagesordnung setzte und gegen die Linken auch durchbrachte. Ich revanchierte mich dann bei der anschließenden Debatte mit dem Vers, der an der Wand des Stadtratssaales stand: *„Die im Irrtum verharren, das sind die Narren, die vom Irrtum zur Wahrheit reisen, das sind die Weisen."* Ich fügte noch an, daß ich der CSU gern wieder einmal einen sinnvollen Antrag unterbreiten würde, wenn ihr selbst nichts Ordentliches einfiele.

Sieg über die Fünfprozentklausel

Vor allen anderen war natürlich die CSU gegen die Parteilosen Katholiken. Sie hatte zu befürchten, daß ihr die Stimmen fehlen würden, die bei einer neuen Wahl auf unsere Gruppe treffen würden. Daher hatte sie sich einem Gesetzgebungstrick angeschlossen, der mir eine weitere Kandidatur unmöglich machen sollte:

Anfang 1952 stand im Bayerischen Landtag ein Gesetz über die Wahl der Gemeinderäte und der Bürgermeister (Gemeindewahlgesetz) an. Dazu brachte der Augsburger SPD-Landtagsabgeordnete Hans Kramer am 24. Januar 1952 im Rechts- und Verfassungsausschuß des Landtags überraschend die Sprache auf eine „*5- oder 10-Prozent-Klausel*“, die man in das Wahlgesetz einfügen solle, „*um eine allzu große Zersplitterung zu vermeiden*“.

Die größeren Parteien griffen den Vorschlag sofort auf, und so kam es zu folgender Einschaltung in den Entwurf des neuen Gemeindewahlgesetzes: „*Wahlvorschläge, auf die nicht mindestens 5 v. H. der abgegebenen gültigen Stimmen fallen, erhalten keinen Sitz zugeteilt.*“ In der Sorge um Stimmen dachte man sogar an Listenverbindungen, die kleineren Gruppen dann ein Mandat vermitteln sollten. Daher heißt es in dem Gesetzesvorschlag weiter: „*Bei Listenverbindung sind Untervorschläge für die Feststellung des Hundertsatzes einzeln zu behandeln. Sind auf einem Untervorschlag nicht mindestens 5 v. H. der abgegebenen gültigen Stimmen entfallen, scheiden die auf ihn entfallenden Stimmen bei der Verteilung der Sitze … aus.*“

Dieser minderheitsfeindliche Paragraph widersprach ganz offensichtlich der bayerischen Verfassung. Deshalb habe ich mit Handzetteln, die ich jedem Landtagsmitglied und jedem Mitglied des Bayerischen Senats zustellte, auf dieses verfassungswidrige Vorhaben hingewiesen. Die Abgeordneten haben angesichts der ihnen Tag für Tag zugehenden Papierflut meine Mahnung offenbar nicht gelesen, vielleicht auch nicht recht verstanden. Die Süddeutsche Zeitung, die damals noch über keinen verfassungsrechtskundigen Redakteur verfügte, sekundierte den machthungrigen großen Parteien in einer recht süffisanten Glosse (vom 7. Februar 1952) und meinte, „Ein-Mann-Gruppen", denen die politische Basis fehle, seien kein besonderer Gewinn.

Landtag und Senat haben sich über die verfassungsrechtlichen Bedenken hinweggesetzt und die 5-Prozent-Klausel-Sperrvorschrift im Gemeindewahlgesetz vom 16. Februar 1952 beschlossen. So blieb mir nur der Weg zum Bayerischen Verfassungsgerichtshof.

Die neun Richter dieses höchsten bayerischen Gerichtshofs haben schon am 18. März 1952, wie leicht vorauszusehen war, diese 5-Prozent-Klausel für verfassungswidrig und nichtig erklärt. Vorsitzender war jener Dr. Friedrich Welsch, der 1939 meinen antirosenbergschen Staatsprüfungsaufsatz zu beurteilen hatte, Berichterstatter war Dr. Albert Decker, Ministerialrat im Kultusministerium und Senatspräsident am Verwaltungsgerichtshof, Mitberichterstatter war Dr. Josef Wintrich, der spätere Präsident des Bundesverfassungsgerichts. Die Entscheidung mußte im Bayerischen Gesetz- und Verordnungsblatt abgedruckt werden. Die acht Druckseiten in diesem Gesetzblatt sind seither ein wesentlicher Bestandteil der staats- und verfassungsrechtlichen Hochschulvorlesungen. Besonders erfreulich sind die für die politische Willensbildung grundlegenden Sätze, die sich mit Bild und Wesen der politischen Parteien befassen und meiner Auffassung recht geben:

„Der Gemeinderat ist nach seinem Aufgabenkreis kein Parlament. Er hat keine Geschäfte führende ‚Regierung' zu bilden … Bestand und Funktion der gemeindlichen Verwaltungsorgane sind … gesichert, auch wenn die ‚Splitterparteien' nicht durch die 5-Prozent-Klausel ferngehalten werden … Eine Zwangslage, die es rechtfertigte, den die ‚Splitterparteien' ausmachenden Wählern die Auswirkung ihres Wählerwillens zu unterbinden … besteht – im Gegensatz zu den Landesparlamenten – nicht."

Die Gegenseite, nämlich das Bayerische Staatsministerium des Inneren, verhielt sich bei ihrer Argumentation nicht ganz fair. Sie hatte die Äußerung der amerikanischen Militärregierung, der der Gesetzentwurf vorgelegt werden mußte, nur unvollständig wiedergegeben. Der Verfassungsgerichtshof rügte diese forensische Unkorrektheit in seiner Urteilsbegründung mit deutlichen Worten:

„Der Vertreter der Militärregierung fuhr jedoch dann – wie in Ergänzung der verkürzten Wiedergabe der Äußerung im Schriftsatz des Staatsministerium des Inneren nachgetragen werden muß – wörtlich fort: ‚… Es bezieht sich die 10-Prozent-Regel nicht auf die Gemeinde- und Gemeindeverbandswahlen. Die kleinen Parteien können die öffentlichen Wahlen dazu benutzen, um sich ihre Unterstützung unter den Wählern aufzubauen und ihre Parteien und Organisation zu entwickeln.'"

Diese Entscheidung kam für viele unerwartet. Die Süddeutsche Zeitung hat tags darauf (am 19. März 1952) gleich auf Seite 1 in einer dreispaltigen Meldung ihre Leser davon unterrichtet. Und im Kommentar dazu hat der stellvertretende Chefredakteur Hermann Proebst, ein historisch-politisch umfassend gebildeter Autor,

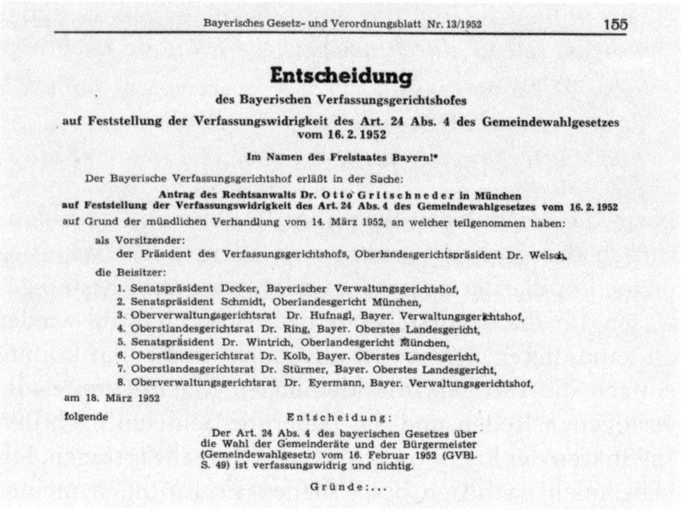

Bayerisches Gesetz- und Verordnungsblatt Nr. 13/1952 155

Entscheidung

des Bayerischen Verfassungsgerichtshofes

auf Feststellung der Verfassungswidrigkeit des Art. 24 Abs. 4 des Gemeindewahlgesetzes vom 16. 2. 1952

Im Namen des Freistaates Bayern!*

Der Bayerische Verfassungsgerichtshof erläßt in der Sache:

Antrag des Rechtsanwalts Dr. Otto Gritschneder in München auf Feststellung der Verfassungswidrigkeit des Art. 24 Abs. 4 des Gemeindewahlgesetzes vom 16. 2. 1952

auf Grund der mündlichen Verhandlung vom 14. März 1952, an welcher teilgenommen haben:

als Vorsitzender:
der Präsident des Verfassungsgerichtshofs, Oberlandesgerichtspräsident Dr. Welsch,

die Beisitzer:
1. Senatspräsident Decker, Bayerischer Verwaltungsgerichtshof,
2. Senatspräsident Schmidt, Oberlandesgericht München,
3. Oberverwaltungsgerichtsrat Dr. Hufnagl, Bayer. Verwaltungsgerichtshof,
4. Oberstlandesgerichtsrat Dr. Ring, Bayer. Oberstes Landesgericht,
5. Senatspräsident Dr. Wintrich, Oberlandesgericht München,
6. Oberstlandesgerichtsrat Dr. Kolb, Bayer. Oberstes Landesgericht,
7. Oberstlandesgerichtsrat Dr. Stürmer, Bayer. Oberstes Landesgericht,
8. Oberverwaltungsgerichtsrat Dr. Eyermann, Bayer. Verwaltungsgerichtshof,

am 18. März 1952

folgende Entscheidung:

Der Art. 24 Abs. 4 des bayerischen Gesetzes über die Wahl der Gemeinderäte und der Bürgermeister (Gemeindewahlgesetz) vom 16. Februar 1952 (GVBl. S. 49) ist verfassungswidrig und nichtig.

Gründe:...

Abb. 12: 18. März 1952: Für „verfassungswidrig und nichtig" erklärte der Bayerische Verfassungsgerichtshof auf Antrag Otto Gritschneders die minderheitsfeindlichen Fünfprozentklausel des Bayerischen Gemeindewahl-Gesetzes.

nun die unschöne Anrempelei in jener Glosse seiner Zeitung vom 7. Februar 1952 wieder einigermaßen ausgeglichen:

> Der schlichte Staatsbürger werde *„über den Spruch des höchsten Gerichtes Genugtuung empfinden, liefert er doch den seltenen Beweis, daß es für schwache Einzelne noch nicht gänzlich aussichtslos ist, gegen den übermächtigen Apparat behördlicher und parteiamtlicher Organisationen auch einmal recht zu bekommen ... Was nutzt es, tüchtige und urteilsfähige Einzelpersonen immerfort flehentlich zu bitten, sich doch der öffentlichen Angelegenheiten in der Gemeinde anzunehmen, wenn man sie sogleich wieder entmutigt, indem man ihnen die Bedingung auferlegt, zu dem Programm irgendeiner Weltanschauung ja zu sagen?"* Es sei nicht

fair, willige Kräfte, die durch Wahl bereits bestätigt worden seien, „*durch willkürliche Klauseln nachträglich*“ zu entmachten.

Abschied von dieser Politik

Nach diesem meinem Sieg über Willkür und Machtanspruch der großen Parteien, vor allem der CSU, stieg meine Popularität natürlich, und es wäre kein Risiko gewesen, für die bevorstehende neue Stadtratswahl wieder zu kandidieren. Ich wollte aber nicht mehr. Ich konnte einfach die Intrigen, die kleinlichen Machtkämpfe, die verlogenen Reden und das dauernde Schielen nach den Instinkten der kritiklosen Masse nicht mehr ertragen. Ich habe mich nach den betrüblichen Erfahrungen meiner vier Stadtratsjahre entschlossen, dieser zeitraubenden Politik ade zu sagen und mich mehr meiner Anwaltskanzlei und meiner Familie zu widmen, für die ich übrigens die nötigen Mittel nur aufbringen konnte, wenn ich mich in erster Linie für meinen Beruf zur Verfügung hielt.

Mein Entschluß wurde noch dadurch bekräftigt, daß die amtskirchlichen Stellen nichts für meine Wählergruppe übrig hatten. Kardinal Faulhaber, den ich Anfang 1952 besuchen konnte, und der Katholikenausschuß München haben meiner Gruppe von einer neuen Kandidatur nachdrücklich abgeraten und meinten, es sei besser, „wenn sich katholische Kandidaten innerhalb der christlichen Parteien“ einsetzten. Dazu wäre zu fragen, ob CDU und CSU wirklich christliche Parteien sind, oder sich nur so nennen.

Katholische Auffassungen hätte ich daher nur gegen diesen Rat des Bischofs und seiner Berater vertreten können. Das schien mir zu mühsam. Daher bin ich aus der Politik wieder ausgestiegen und habe nicht mehr kandidiert.

Später wurde mir immer wieder einmal geraten, doch in die Politik zurückzukehren. Ich bedauere es nicht, daß ich diesen Ersuchen und Versuchungen nicht nachgegeben habe. Was hätte mich in der Politik erwartet? Ich hätte sehr viel Zeit dazu aufwenden müssen, politische Reden zu halten und, noch schlimmer, politische Reden anzuhören, Stunden und Tage mit Dienstreisen, Diskussionen, Arbeitssitzungen zu verbringen, deren wohlklingende Resolutionen ohne praktische Folgerungen irgendwo abgeheftet werden, und mich in den Medien entsprechend dem Rat von Polit-Psychologen zu profilieren. An der politischen Wirklichkeit hätte ich nichts ändern können. Das zeigt das Schicksal vieler ehrlicher und tüchtiger Politiker, die gegen den sogenannten Zeitgeist einfach nicht ankommen.

Dazu ein kurzer Blick auf diese politische Praxis: Sie wird von den Parteien bestimmt, und diese wiederum werden von den Managern, Funktionären, Vorsitzenden usw. beherrscht. Die Parteien wirken, wie es im Grundgesetz ausdrücklich heißt, *„bei der politischen Willensbildung des Volkes mit."* Eine solche Hervorhebung und staatsrechtliche Zementierung politischer Parteien ist einzigartig; so etwas stand noch in keiner demokratischen Verfassung. Durch ein eigenes Parteiengesetz sind den Parteien rechtliche und große finanzielle Vorteile verschafft worden. Zum Beispiel müssen ihnen die Wahlkampfkosten aus der Staatskasse ersetzt werden; Parteispenden sind in gewissem Umfang steuerfrei.

Für die Verwirklichung eines unmanipulierten Volkswillens stellen die Parteien ein kaum zu überwindendes Hindernis dar. Bei Wahlen zum Bundestag oder zu einem Landtag kann der Wähler praktisch nur eine Partei wählen, nicht eine einzelne Person. Diese meist mit großem organisatorischen Aufwand arbeitenden Parteiblöcke haben den Nachteil, daß der Wähler einer Art politischem Koppelungskauf ausgeliefert ist.

Was soll der Bürger zum Beispiel wählen, wenn er sowohl die persönlichkeitsverletzende allgemeine Wehrpflicht ablehnt, ebenso aber auch die Tötung von Kindern im Mutterleib als rechtswidrig bekämpft? Beide Bestrebungen haben dasselbe im Gewissen und im Naturrecht gründende Motiv: Unschuldige darf man nicht töten, weder auf dem Schlachtfeld noch im Mutterleib. Eine Partei, die diese beiden dem Lebensschutz dienenden Anliegen vertritt, gibt es aber nicht. Die „Linken" versagen, obwohl sie in ihren Programmen besonders für die Rechte der kleinen Leute und der Hilflosen eintreten, ausgerechnet den Hilflosesten, nämlich den Kindern im Mutterleib, weitgehend das Lebensrecht und den nach dem Grundgesetz erforderlichen Persönlichkeitsschutz. Die „Rechten" andererseits sind zwar eher geneigt, etwas gegen die fürchterliche Abtreibungsseuche (täglich 1000 im Mutterleib getötete Kinder) zu unternehmen, wollen aber die Wehrpflicht, also die Pflicht, sich zum Schießen auf unschuldige Menschen ausbilden zu lassen, beibehalten, die durch den alternativen „Zivildienst" nur mäßig gemildert ist.

Außerdem wird die Sachlichkeit bei jeder Partei weitgehend dadurch behindert, ja vielfach einfach unmöglich gemacht, daß der Abgeordnete sich in der Regel dem Chef der Partei und dessen Anhängerschaft fügen muß und daß er, um möglichst wieder gewählt zu werden, den Wünschen der Masse ohne Rücksicht auf Recht und Vernunft entgegenkommen muß. In einer schwachen Demokratie haben die größten Chancen die Demagogen. Hitler ist dafür das lehrreichste Beispiel.

Ich ließ also nach dem Stadtrat-Intermezzo die Finger von der Politik. Ein schönes „Abfallprodukt" meiner politischen Abstinenz: Ich hatte Zeit, meine zeitgeschichtlichen Studien und meine Erfahrungen mit der Justiz in Artikeln und Büchern festzuhalten. In Hunderten von Zeitungs- und Rundfunkbeiträgen und in einem guten

Dutzend Bücher können einmal die nächsten Generationen nachlesen, was ich zur großen und zur kleinen Weltgeschichte zu bemerken hatte.

Meine publizistischen Bemühungen hatten hin und wieder auch Erfolg. Es gelang mir zum Beispiel, die hoch bedeutsame Grundsatzentscheidung des Bundessozialgerichts vom 11. September 1991 wirkungsvoll zu verbreiten und zu kommentieren. In diesem Urteil hat das oberste Sozialgericht unter Aufgabe seiner jahrzehntelang festgehaltenen gegenteiligen Rechtsprechung die NS-Kriegsrichter als ganz und gar nicht unabhängige Richter und als *„terroristische Gehilfen“* des *„völkerrechtswidrigen Krieges“* abqualifiziert und die über 50 000 Todesurteile gegen Hitlerkriegsverweigerer als rechtswidrig und unwirksam bezeichnet; es hat den Opfern dieser Unrechtsprechung Rehabilitation und Opferentschädigung zuerkannt. Zufolge meiner umfangreichen Veröffentlichungen dazu wurde ein entsprechender Antrag mit dem Ziel der Aufhebung der NS-Kriegsgerichtstodesurteile nebst Rehabilitierung und Entschädigung der Opfer beziehungsweise ihrer Angehörigen beim Deutschen Bundestag eingebracht.

Um noch ein Erfolgsbeispiel meiner publizistischen Arbeit zu erwähnen: Beim Studium der umfangreichen Akten zum Hitlerputsch von 1923 und zum Hitlerprozeß von 1924 habe ich entdeckt, daß die Nationalsozialisten beim Marsch zur Feldherrnhalle am 9. November 1923 vier Polizisten getötet haben. Auf meinen Vorschlag hin hat der Münchner Stadtrat (endlich) eine öffentliche Ehrung dieser frühen Opfer des Naziterrors beschlossen und am 3. November 1994 eine Gedenktafel vor der Feldherrnhalle angebracht.

Der Bayerische Verdienstorden und Orden überhaupt

Zu den in ehrgeizigen Kreisen besonders geschätzten Auszeichnungen gehört der Bayerische Verdienstorden. Um ihn zu bekommen, sind keineswegs irgendwelche Verdienste für das Volk, den Staat oder das Vaterland erforderlich; man muß für diesen Orden auch nicht Bayer sein. Entscheidend ist die gesellschaftliche Stellung, außerdem eine günstige Plazierung im Proporz: Höhere Beamte, Freischaffende, Handwerkskammerpräsidenten, Geistliche, Klosterschwestern, Gewerkschaftsangehörige, Redakteure und so weiter müssen hier in einem angemessenen Verhältnis bedient werden. Schon Wochen vor der alljährlich im Sommer stattfindenden Ordensverleihung im Münchner Antiquarium herrscht eine rege Radlfahrerei, denn die Zahl der lebenden Ordensträger darf 2000 nicht übersteigen.

Ein wichtiger und für die meisten Fälle entscheidender Mann bei der jährlichen Ordensverleihung war viele Jahre Ministerialdirektor Rainer Keßler. Der sprach mich eines Abends auf einer der zahlreichen Parties, die das politische, kulturelle und wirtschaftliche Leben in Bayern oft so nachhaltig beeinflussen, sehr direkt an: *„Sie haben ja noch gar keinen Orden?"* Das konnte vielleicht eine Aufforderung sein, mich darum zu bewerben. Jedenfalls habe ich die Gelegenheit benutzt, dem hohen Herrn meine Meinung über diese Ordensverleiherei zu sagen:

Zunächst würde ich mich, so argumentierte ich, nicht gern in den Kreis der bisher Ausgezeichneten einreihen lassen. Es gibt da abschreckende Beispiele. Zwei konnte ich ihm aus dem Handgelenk nennen:

Das eine ist der ehemalige SS-Angehörige Franz Schönhuber, der sogar ein glorifizierendes Buch über seine Nazi-Erlebnisse schrieb. Nachdem der Bayerische Rundfunk Näheres über seinen Mitarbeiter Schönhuber

Abb. 13: Am 3. November 1994 wird vor der Feldherrnhalle die von Otto Gritschneder angeregte Gedenktafel für die vier von den Hitlerputschisten beim „Marsch zur Feldherrnhalle" am 9. November 1923 ermordeten Polizeibeamten eingeweiht. Von links: Bildhauer Toni Preis, Stadtrat Hans Wolfswinkler (CSU), Otto Gritschneder, Präsident der Bayerischen Bereitschaftspolizei Oswald Holmer, Oberbürgermeister Christian Ude.

erfahren hatte, gelang es ihm nur gegen eine hohe Ablösungssumme, ihn loszuwerden. Dann hat Schönhuber die Republikanische Partei gegründet, ein stark rechts tendierendes Unternehmen.

Das zweite ist die Ordensverleihung an Leute wie Anneliese Friedmann, Gesellschafterin des Süddeutschen Verlages und Herausgeberin der Abendzeitung. Sie hat sich am 4. Juli 1971 in einem ganzseitigen Artikel für die Tötung von Kindern im Mutterleib stark gemacht und provokativ geschrieben: *„Auch ich habe abgetrieben."* Das hat die sich christlich nennende politisch führende Partei in München nicht daran gehindert, an Anneliese Friedmann den Bayerischen Verdienstorden zu verleihen. Ministerpräsident Franz Josef Strauß persönlich dekorierte dann Anneliese Friedmann, der Regensburger Bischof Manfred Müller hielt bei dieser Ordensverleihung am 16. Juli 1987 die Festansprache.

Da mir mein hochmögender Gesprächspartner so aufmerksam zuhörte, hatte ich Gelegenheit, ihm auch noch meine grundsätzlichen Bedenken gegen solche Ordensverleihungen darzulegen: es sei doch eine unerträgliche Anmaßung, daß der Ministerpräsident beziehungsweise seine Staatskanzleibeamten sich erlaubten, Urteile über Bürger abzugeben und sie nach Gutdünken zu klassifizieren und auszuzeichnen. Wie könne eine solche schulmeisterliche Zuständigkeit begründet werden? Haben wir hier, so erlaubte ich mir weiter zu fragen, noch einen Rest der längst überwunden geglaubten monarchischen und landesherrlichen Praktiken? In einer wirklichen Demokratie ist es doch so, daß nicht die Oberen durch Orden, Auszeichnungen und ähnliche Fleißbilletteln Noten an die Bürger zu verteilen haben, sondern umgekehrt die Bürger durch Wahlen, Volksbegehren, Petitionen und ähnliche Bekundungen und Entscheidungen ihr Urteil über die Parlaments- und Regierungskandidaten zur Geltung bringen sollen.

Meinen Entschluß, mich aus der Politik zurückzuziehen, kann ich, wie gesagt, auch nachträglich nur als einen richtigen und glücklichen Entschluß bezeichnen. Nur so konnte ich mich ausgiebig meiner Familie widmen; dazu einige Erinnerungen:

Besonders dringlich war für uns als „Ausgebombte" der Erwerb eines eigenen Hauses. Das gelang uns 1957 mit dem Bau des Einfamilienhauses, in dem wir jetzt noch wohnen. Es bot endlich Platz für uns Eltern, unsere neun Kinder und die pflegebedürftige Mutter meiner Frau.

Das Haus liegt an der Königswarterstraße in München-Harlaching; diese Straße ist insofern eine politische Besonderheit, als die Nazis keine Zeit hatten, diese 1900 nach dem Juden Dr. Wilhelm Simon Königswarter als Dank für große Spenden benannte Straße zu „arisieren". Die NS-Bürokraten der „Hauptstadt der Bewegung" wollten den „Führer" damit und auch mit der Umbenennung der Paul-Heyse- und der Possartstraße erst nach dem Endsieg bemühen.

Meine Frau und ich haben die neumodische Gegenüberstellung „Familie oder Beruf" oder das Dilemma „Frau und Beruf" nie für sinnvoll gehalten. Wir sagten uns „Familie als Beruf, Mutter als Beruf".

So konnte ich durch den wirtschaftlichen Aufschwung sowohl der Bundesrepublik wie auch meiner Kanzlei mit meiner Familie endlich einmal ausgiebig Urlaub machen. Seit Sommer 1959 erholten wir uns an der ligurischen Küste in der Villa Adriana, die der Österreichische Priesterhilfsverein in Monterosso bei La Spezia erworben hatte. An diesem herrlichen Strand und bei diesen liebenswürdigen Leuten waren wir an die zwanzig Sommer.

Angetan hat es uns außerdem auch Südtirol. Dort waren wir immer wieder, und zwanzig Mal sind meine Frau und ich im Sommer von München nach Brixen zu Fuß gewandert, etwa 25 Kilometer pro Tag: Lenggries, über die Röhrlmoosalm an den Achensee, dann durchs Zillertal auf das Pfitscher Haus – es steht am höchsten Punkt unserer Wanderung, nämlich am Pfitscher Joch – und das Pfitscher Hochtal entlang zum Eisack und von da aus südwärts nach Brixen. Wir kennen nun die Wege und kennen vor allem auch die gastfreundlichen Wirtsleute, an deren Familienschicksalen wir teilhaben durften; es waren nicht nur Hochzeiten und Taufen, sondern leider auch Sterbefälle. Zufällig entdeckten wir, daß auch der „Gesellenvater" Adolf Kolping im vorigen Jahrhundert seine Wanderungen über eben dieses Pfitscher Joch ausführlich beschrieben hat.

Fazit

Wirtschaftler, Facharbeiter, Ärzte und Beamte schufen unseren Wohlstand, Parteipolitiker gefährden ihn

Wie stellt sich nun die politische Landschaft einem aufmerksamen Zeitgenossen im neunten Jahrzehnt seines Lebens dar? Hier muß genau unterschieden werden, denn es gibt bedenkliche Widersprüche und Gegensätze.

Auf der einen Seite können wir Deutschen uns trotz aller politischen Wirrnisse und Unklarheiten eines so hohen materiellen Lebensstandards erfreuen wie nie zuvor. Noch in keinem Jahrzehnt unserer langen Geschichte ist es so vielen Leuten so gut gegangen, wie es derzeit uns geht. Das verdanken wir den Politikern nur indirekt, nämlich insofern, als sie die Wirtschaft weitgehend von staatlichen Bevormundungen und ideologischem Dirigismus freihalten. Wenn je der Satz *„Je weniger Staat, um so besser ...“* eine Geltung beanspruchen kann, dann für die Wirtschaft. Die Quelle unseres Wohlstandes sind die Facharbeiter und die geschickten und intelligenten wirtschaftlichen Spitzenleute.

Ein respektabler Fortschritt ist außerdem die früher oder später jedem spürbar werdende Leistung unserer Medizin. Sowohl der wissenschaftlichen wie auch der praktischen Seite der Medizin verdanken die meisten ihr hohes Alter. Die durchschnittliche Lebenserwartung hat sich in diesem Jahrhundert mehr als verdoppelt. Noch nie hat es so viele Hundertjährige gegeben wie jetzt. Die Medizin stützt sich dabei auf die Erkenntnisse und Leistungen der Naturwissenschaften, vorweg der Chemie und der Physik. Mit der Gentechnologie scheint man freilich an eine Grenze gelangt zu sein, jenseits derer nicht immer die Würde des Menschen oberstes Gebot ist, sondern der Mensch zum Manipulationsobjekt werden kann.

Nicht zu vergessen: Die sinnvolle Verteilung unserer Wohlstandsprodukte und die Ordnung unserer vielschichtigen Lebensverhältnisse verdanken wir den Beamten und Angestellten des Bundes, der Länder und der Gemeinden. Diese große, vielleicht gelegentlich etwas zu große Schar von Staatsdienern rekrutiert sich aus gut ausgebildeten und pflichttreuen Männern und Frauen, deren unauffälliges Wirken oft verkannt wird. Daß neuerdings immer wieder und immer größere Korruptionsfälle bekannt werden, ändert – einstweilen wenigstens – an dieser erfreulichen Feststellung noch nichts Entscheidendes. Wer die Verhältnisse in anderen Ländern und anderen Kontinenten damit vergleicht, wird mit großem Respekt die Tradition und Verläßlichkeit des weitaus überwiegenden Teils unserer Beamten und unserer übrigen öffentlichen Bediensteten zu schätzen wissen.

Das allergrößte Glück, das unserer Generation in Mitteleuropa – leider nicht überall in der Welt – beschieden ist, ist der Friede. Nie zuvor hat Deutschland ein halbes Jahrhundert ohne Krieg erlebt. Die Ursachen dafür sind vielfältig: Den Älteren steckt noch der Schrecken des Kriegsverbrechers Hitler in den Knochen, und alle denken mit großer Angst an die modernen Massenvernichtungswaffen, besonders an die Atombombe. Deshalb tun sich die keineswegs ausgestorbenen Militaristen schwer, den Friedenswillen der meisten Bürger zu überwinden. Die Staatsmänner müssen auf diesen Friedenswillen Rücksicht nehmen und können bis auf weiteres noch keine Kriegslieder singen.

Auf der anderen Seite sind Mängel und düstere Zukunftsaussichten zu beklagen:

Da ist zunächst das spürbare Schwinden der Moral. Dieses vielgescholtene Wort steht vor allem für die in unserem Grundgesetz so nachdrücklich als Schutzobjekt garantierte Ehe und Familie und für das Lebensrecht der Ungeborenen. Etwa jede dritte Ehe wird geschieden.

Hunderttausende von Kindern wachsen ohne schützendes Elternhaus auf, und Tag für Tag werden eintausend Kinder schon im Mutterleib ermordet. Kirchen und private Vereinigungen bemühen sich ziemlich erfolglos, diesen Verfall aufzuhalten.

Eine weitere Fehlentwicklung unserer Sozialordnung ist das Millionenheer von Arbeitslosen. Alle Parteien versprechen Besserung, aber keine kann praktisch zu verwirklichende Maßnahmen nennen oder gar durchführen. Vielleicht sind die hohen Steuern schuld, die der Staat für seine zu vielen Ausgaben beansprucht. Vielleicht sind es die von den Gewerkschaften hochgetriebenen Löhne und Gehälter. Gegen beides weichen die Bürger immer mehr in eine Schattenwirtschaft aus, die die Steuergesetze und die Tariflöhne einfach nicht für sich gelten lassen.

Weitere Fehlentwicklungen können hier nur stichwortartig genannt werden: Der zunehmende und mit Polizei und Strafgerichten offenbar nicht zu bannende Drogenmißbrauch. Die Vernachlässigung des Umweltschutzes. Der verschwenderische Mißbrauch der Energievorräte unseres Planeten. Dessen lebensbedrohende katastrophale Folgen werden erst die nächsten Generationen spüren. Die Natur des Menschen reagiert leider auf augenblickliche Schmerzen sehr viel schneller als auf Fehlentwicklungen, die sich erst in Jahrzehnten auswirken. Würde man bei einem Hammerschlag auf den Fingernagel die Schmerzen erst in einem Jahr spüren, dann würden bedeutend mehr Leute sich auf den Fingernagel hauen.

Besonders betrüblich ist die rasch wachsende Zahl an Gewaltverbrechen: Banküberfälle, sogenannte Schutzgelderpressungen, Vergewaltigungen, Körperverletzungen und Morde sind regelrecht an der Tagesordnung. Hier versagen unsere Politiker spürbar; sie stellen der Polizei und der Strafjustiz nicht die Hilfsmittel zur Verfügung, die dem Terror Einhalt gebieten können. Der

Abb. 14: Otto Gritschneder, 1995.

Mißbrauch von Bewährungsfristen, Begnadigungen, Hafturlauben und Amnestien mindert die Sicherheit, auf die der Bürger Anspruch hat. Ähnlich hilflos scheinen die Behörden der sich immer mehr verbreitenden Korruption gegenüberzustehen.

Nachdenkliches Schlußwort

Dieser Versuch einer Analyse der Gegenwart zeigt Widersprüche. Aber diese Widersprüche gibt es nun einmal, und wir alle müssen ein Leben lang damit zurechtkommen. Churchill hatte wohl recht, wenn er meinte, von allen Regierungsformen sei die Demokratie samt ihren Lücken und Widersprüchen doch noch die beste. Freilich: Mehrheit ist kein Ersatz für Wahrheit. Mehrheit ist kein Ersatz für Gerechtigkeit.

Verlogene Programme, ermüdende Jubiläums- und Sonntagsreden statt zielsicheren Handelns bestimmen den politischen Alltag. Es ist bald wieder so, wie es in den zwanziger Jahren, wie es in der kraftlosen Weimarer Parteiendemokratie war.

Ermüdungen und Lähmungen des politischen Lebens gab es in der Geschichte immer wieder; schon Johann Wolfgang von Goethe hat das in dem kleinen Gedicht „Die Frösche" im Jahre 1821 plastisch geschildert:

Ein großer Teich war zugefroren,
Die Fröschlein, in der Tiefe verloren,
Durften nicht ferner quaken noch springen,
Versprachen sich aber, im halben Traum,
Fänden sie nur da oben Raum,
Wie Nachtigallen wollten sie singen.
Der Thauwind kam, das Eis zerschmolz,
Nun ruderten sie und landeten stolz,
Und saßen am Ufer weit und breit
Und quakten wie vor alter Zeit.

Anhang

Zeittafel

1914
11. Januar
Otto Gritschneder in München geboren.
18. Januar
Taufe in der St.-Benediktus-Kirche der Pfarrei St. Rupert in München.

1915–1920
Bei den Eltern der Mutter in Ingolstadt.

1918
8. November
Ludwig III. verläßt den bayerischen Königsthron. Kurt Eisner ruft den Freistaat Bayern aus.

1923
9. November
Hitlerputsch in München.

1924
1. April
Hitler wird wegen Hochverrats zu fünf Jahren Festungshaft verurteilt, aber bereits am 20. Dezember wieder entlassen.

1933
30. Januar
von Hindenburg ernennt Hitler zum Reichskanzler.
6. April
Abiturfeier nach neunjährigem Besuch der humanistischen Abteilung des Wittelsbachergymnasiums in München.
2. Mai
Beginn des Studiums der Rechts- und Staatswissenschaften an der Ludwig-Maximilians-Universität in München.

1934
30. Juni bis 2. Juli
Der sogenannte Röhmputsch.

1936
22. April
Erste Juristische Staatsprüfung bestanden.
27. April
Ernennung zum Gerichtsreferendar.
2. Mai
Beginn der Gerichtsreferendartätigkeit beim Amtsgericht Wolfratshausen.
2. August
Tod des Vaters Otto Gritschneder sen.

1938
30. Dezember
Verleihung des Doktorgrades der Juristischen Fakultät der Ludwig-Maximilians-Universität in München.

1939
3. Juni
Große Juristische Staatsprüfung bestanden.
2. August
Der Reichsminister der Justiz lehnt das Gesuch um Zulassung zum anwaltlichen Probedienst ab.
1. September
Mit dem Überfall auf Polen beginnt der Zweite Weltkrieg.
5. Oktober
Einberufung zur Wehrmacht Hitlers.

1941
8. Januar
Eheschließung mit Margarete Caesar in der Wallfahrtskirche in Oderen im Elsaß.

1942 bis 1958
Geburt der Kinder Marianne, Martin, Karl Borromäus, Jeannette (gestorben 1974), Benno, Stefan, Konrad, Florian und Thomas.

1945

30. April

Hitler begeht Selbstmord.

7. bis 9. Mai

Kapitulation der deutschen Wehrmacht.

27. Juli

Die amerikanische Militärregierung München ernennt Otto Gritschneder zum Rechtsanwalt.

1946

11. Mai

Zulassung zur Anwaltschaft durch den Bayerischen Staatsminister der Justiz.

2. Dezember

Neue Verfassung des Freistaates Bayern.

1948

30. Mai

Otto Gritschneder wird als parteiloser Kandidat in den Stadtrat der Landeshauptstadt München gewählt.

1949

23. Mai

Gründung der Bundesrepublik Deutschland.

1955

20. März

Tod der Mutter Susanne Gritschneder, geborener Weber.

Seit 1955

Weiterhin anwaltschaftliche Tätigkeit und Veröffentlichung zeitgeschichtlicher und justizkritischer Bücher und Aufsätze.

1990

3. Oktober

Vereinigung der Deutschen Demokratischen Republik mit der Bundesrepublik Deutschland.

Verzeichnis der Bilder und Dokumente

Namens- und Sachregister